学史力行　向英雄致敬

# 学史力行
# 向英雄致敬

中共河北民族师范学院委员会　编

河北大学出版社
·保定·

# 学史力行　向英雄致敬

XUESHI LIXING XIANG YINGXIONG ZHIJING

出 版 人：朱文富
责任编辑：马　敏
装帧设计：杨艳霞
责任校对：姚萌萌
责任印制：常　凯

**图书在版编目（CIP）数据**

学史力行　向英雄致敬 / 中共河北民族师范学院委员会编．-- 保定 ：河北大学出版社，2021.12
ISBN 978-7-5666-1962-4

Ⅰ．①学… Ⅱ．①中… Ⅲ．①中国共产党－党史－文集 Ⅳ．① D23-53

中国版本图书馆 CIP 数据核字 (2021) 第 281150 号

出版发行：河北大学出版社
地址：河北省保定市七一东路 2666 号　邮编：071000
电话：0312-5073019　0312-5073029
邮箱：hbdxcbs818@163.com　网址：www.hbdxcbs.com
经　　销：全国新华书店
印　　刷：保定市文昌印刷有限公司
幅面尺寸：170 mm × 240 mm
印　　张：18
字　　数：259 千字
版　　次：2021 年 12 月第 1 版
印　　次：2021 年 12 月第 1 次印刷
书　　号：ISBN 978-7-5666-1962-4
定　　价：68.00 元

# 前　言

中国共产党党史是一部人才辈出、可歌可泣的英雄史。战争年代，英雄保卫祖国、抵御侵略；和平年代，英雄牢记初心使命、主动担当作为。英雄既包括无数革命先烈、共和国功臣、民族精英、人民楷模、新时代的领跑者，也包括那些在普通岗位上兢兢业业、勤勤恳恳、踏踏实实、默默无闻的平凡劳动者。

“一个有希望的民族不能没有英雄”，“崇尚英雄才会产生英雄，争做英雄才能英雄辈出”。习近平总书记在多个场合表达对英雄的崇敬之情，号召全社会铭记英雄，崇尚英雄，捍卫英雄，学习英雄，关爱英雄。

2021 年 2 月 20 日，习近平总书记在党史学习教育动员大会上强调：“要坚持以我们党关于历史问题的两个决议和党中央有关精神为依据，准确把握党的历史发展的主题主线、主流本质，正确认识和科学评价党史上的重大事件、重要会议、重要人物。要旗帜鲜明反对历史虚无主义，加强思想引导和理论辨析，更好正本清源，固本培元。”正确认识历史就要坚持正确党史观，就要旗帜鲜明反对历史虚无主义，以史为镜、以史明志、知史爱党、知史爱国，在乱云飞渡中把牢正确方向，风雨无阻，坚毅前行，开创属于我们这一代人的历史伟业。

河北民族师范学院党委坚决落实党中央、省委党史学习教育重大决策部署，坚守为党育人、为国育才初心使命，用好“教科书”，上好“必修课”，赓续红色基因、聚焦绿色发展，取得了具有高校特色的党史学习教育成果。

通过实施“头雁领航”“双带头人”“红烛先锋”“红色E家”“红色名片”“红色基因”等六项工程，推进党史学习教育全面开展。深入践行习近平总书记对塞罕坝精神的重要指示，成立塞罕坝精神研究院，深入挖掘塞罕坝精神内涵，开发制作弘扬塞罕坝精神系列慕课，打造塞罕坝高校思政研究基地和现场研学基地，推出庆祝中国共产党百年华诞和党史学习教育原创文化精品——大型歌舞诗舞台剧《最美的青春》。面向全校学生开展“课前五分钟讲四史活动”，面向全校师生开展“五分钟思政课微视频大赛”，开展“学史力行，向英雄模范先进典型致敬”征文活动。

《学史力行　向英雄致敬》文集，是通过“学史力行，向英雄模范先进典型致敬”征文活动收集的近六千篇作品中，经过层层筛选，最终评出的一百多篇师生优秀作品。这本文集是河北民族师范学院党史学习教育的一个重要成果，是学史明理、学史增信、学史崇德、学史力行的集中体现，是“大思政课”的生动鲜活教材，必将激励广大师生继续发扬革命精神，始终保持艰苦奋斗精神，进一步增强“四个意识”，坚定“四个自信”，做到“两个维护”，为实现立德树人，推动学校高质量发展，提供丰厚滋养和力量源泉。

中共河北民族师范学院委员会

2021年6月

# 目　录

# 学史明理，崇德力行

宋　爽

中共中央印发的《关于在全党开展党史学习教育的通知》，对党史学习教育工作提出了明确要求，总的说来就是要做到学史明理、学史增信、学史崇德、学史力行，教育引导全党同志学党史、悟思想、办实事、开新高。在这四个学习目标中，将“学史明理”放在首位，就是希望广大党员和人民群众在学习的过程中能够把握历史逻辑，深刻认识中国共产党执政规律，深刻认识和把握革命、建设、改革各个历史时期创造的丰富经验和历史规律，从中获得思想的启迪，从而更好地为国家发展、社会进步做出更大贡献。

1921 年 7 月，中国共产党的诞生是中国历史上开天辟地的大事变。回首一百年的建党历程，中国共产党带领人民跨越了无数的艰难险阻，彻底改变了中华民族的落后面貌，如今的中华民族，比历史上任何一个时期都更有活力、更有信心、更有底气、更有希望！在学习党史的过程中，我们应该更好地总结历史经验、把握历史规律，坚定中国共产党的领导，把学习成效转化为工作动力和实效，进一步提高推进实际工作的能力和水平，从而真正做到“学史增信”，这也正是党史学习所要达到的第二个目标。

历史是照亮现实和未来的一面镜子。中国共产党百年历史所培育的光荣传统和优良作风构筑了中国共产党人的精神谱系，培育了无数优秀的共产党员，他们勇往直前、不怕牺牲、顽强拼搏、承前启后，展现了共产党人的精神品格和道德风范，我们熟悉的红船精神、井冈山精神、长征精神、延安精神、抗美援朝精神、西柏坡精神、“两弹一星”精神等一系列伟大精神，鼓舞了无数的人！优秀的共产党人作为时代先锋、民族脊梁、道德模范、国家栋梁是所有人学习的楷模！我们之所以要学习党史，更是新时期建设国家的需要，我们以优秀的共产党人为楷模，推崇他们的道德修养、崇尚他们的无私奉献、继承他们的优秀品德、学习他们的自强自律，真正做到“学史崇德”。

习近平总书记指出：“要教育引导全党从党史中汲取正反两方面历史经验，坚定不移向党中央看齐，不断提高政治判断力、政治领悟力、政治执行力，自觉在思想上政治上行动上同党中央保持高度一致。”百年以来，中国共产党从小到大、由弱到强，从近代中国数百个政党中脱颖而出，在世界数千个政党中卓尔不群，一条重要的经验就是上下团结一致，党中央号令一出，党员干部率先垂范，带领全国人民团结奋进，取得了一个又一个的胜利。

时代造就英雄，伟大来自平凡。百年以来，中国共产党在不同历史时期开辟伟大道路，建立伟大功业，铸就伟大精神都离不开党员干部在各自平凡岗位上履职尽责、担当作为，正是因为无数党员干部在不同岗位上为了共同目标倾力倾情、无私奉献，才能合力创造革命、建设、改革等各个时期的伟大成就。“学史力行”就是通过学习总结历史经验教训，在新时代全面从严治党的历史条件下，不断提升自己的修养，增强拒腐防变和抵御风险的能力，时刻自重、自省、自警、自励，严守政治纪律，真正完成历史赋予的历史使命。

大道之行，实干为要。千秋伟业磅礴前行，百年大党风华正茂，只有将党史学习和实际工作联动并举、融会贯通，才能真正运用学习成果指导工作实践，才能赓续共产党人的精神血脉，在全面建设社会主义现代化国家的新征程上建功立业！

（作者系《河北民族师范学院学报》编辑部教师）

# 品读红色家书，传承红色精神

成思远

家书是家庭成员之间情感和心灵的交流，因此带有很强的私密性。品读红色家书，更能让我们体悟革命先辈的情感世界，传承他们的精神血脉。

这封家书是刘少奇在赴越南前夕写给十四岁的女儿刘平平的——“不应当马马虎虎地度过你的青春时期”。信中这样写道：“满十四岁，在生理上，就已成长为青年；在智力方面也具有一定的思考能力。我们希望你在满十四岁以后，认真地考虑一下：你到底要做一个什么样的青年？”读到这里，我反问自己：到底要成为一名什么样的青年呢？落后的？还是先进的？刘少奇希望女儿“你应当力争上游，不要安于中游，不要做落后分子和自私分子”。这是他对十四岁女儿的要求，相比十四岁的青年，我是否一直保持着做一名先进青年、先进共产党员的信念呢？

通过品读红色家书，我对自己在工作、学习和生活中存在的问题进行了深刻反省：要成为优秀的共产党员应该理想信念坚定，拥护党的领导，政治觉悟高，大局意识强；思想作风好，艰苦奋斗，克己奉公，吃苦在前，享受在后；岗位业绩好，爱岗敬业，具有强烈的事业心、责任感和求真务实的工作作风，勇于承担急难险重的工作任务，高质高效地完成本职工作；服务好群众，具有强烈的宗旨意识和服务意识，关心群众，尊重群众；履行好义务，坚持和维护党的民主集中制，认真贯彻执行《党章》和党组织的决议决定，积极完成组织分配的工作，对党忠诚。

家书中写道：“我们认为，根据你的健康状况、智力条件和你自幼所受的党的教育，你不应当只安于中游，不应当马马虎虎地度过你的青春时期。我们希望你能决心做个进步的、革命的青年，具有远大的共产主义理想，具有雷锋式的平凡而伟大的共产主义精神，能够真正继续承担起革命前辈的革命事业。”这是刘少奇夫妻二人对女儿的要求。我们作为新一代青年对自己的要求是什么呢？我们接受高等教育，承载着家人的期望、社会的期待。然而我们是否在这份期望与期待中认真地生活与工作？我们目前是否安于现状，在自己的舒适圈中安心过活？我们每个人可以平凡，但是不能平庸，我们要在有限的生命中绽放属于自己的光彩。

家书中写道：“注意锻炼身体。”我想起之前新闻报道过，学生群体的身体素质令人担忧。青少年的身心健康直接关系着我国社会主义建设事业的发展，培养青少年健康的体魄，应有效保障青少年德智体美劳全面发展，切实促进学生重视体育锻炼，增强身体素质。作为教师的我们，更应该认识到身体是革命的本钱，选择适合自己的体育锻炼项目，养成良好的习惯，打下健康的基础，为祖国健康工作。

家书中写道：“只要你真正决心献身于伟大的共产主义事业，决心把我们的国家建设成为富强的社会主义国家，真正关心全世界人民的解放事业，任何困难都是能够克服的，虽然吃了苦，吃了亏，你反而会心情愉快，心情舒畅的。”作为教师，我要辅导学生成长，为共产主义事业奋斗终生。

我们要真正以成为一名进步的、革命的青年为目标，永远听党的话，严格地要求自己、管束自己。

（作者系旅游与航空服务学院教师）

# 致敬榜样力量，闪耀红色青春

凌　毅

当年，红船上的一个承诺，开启了中国的新篇章。在我党百年非凡奋斗历程中，一代又一代中国共产党人顽强拼搏、不懈奋斗，构筑起了中国共产党人的精神谱系。今天，我们学习党史，致敬每一段闪耀着星光的红色青春，致敬榜样力量，致敬信仰担当。

红色青春里，革命友谊长青。“恰同学少年，风华正茂；书生意气，挥斥方遒。”每每吟诵毛主席的《沁园春·长沙》，我就仿佛看到青年毛泽东为革命不懈奋斗的场景，看到他和湖南第一师范的同窗好友们共同学习、自我革新的画面，看到他们结社游学、读书辩论、为变革积蓄着力量。在那个各种“思想”“主义”交锋的时代，一群志同道合青年人的革命友谊，因心怀民族兴亡、国家出路的胸襟与气魄而缔结。电视剧《恰同学少年》的最后画面让我难忘，泛黄的照片上定格了一张张年轻又坚毅的脸，他们中不仅有毛泽东、蔡和森、向警予、蔡畅，还有许多在学生时代就与毛泽东一起为国家发展、革命胜利而长久努力的人。学生时代，他们在一起；革命时期，他们在一起；抗战烽火中，他们仍在一起。他们对革命友谊的珍视，对救国兴邦理想的坚定，让我感动。在萌动着红色星光的青春里，这份革命友谊，万古长青。

红色青春里，理想信仰长明。1916 年，西风尽，春归来。时年二十七岁，正留学海外的李大钊寄语祖国“春日载阳，东风解冻。远从瀛岛，反顾祖邦”。话语简短，却充满着对祖国的思念，他心中问道：“祖国的春天在哪里呢？”在那个国弱民贫的时代，中国正处于黑暗与黎明之交，李大钊由季节上的春天想到了人生的春天，想到了政治上的春天。为了祖国春天的到来，他开始了义无反顾的革命生涯。回国后，“南陈北李，相约建党”，成为当时的佳话。1921 年 7 月，在李大钊、陈独秀等人的组织推动下，中国共产党第一次全国代表大会召开，中国共产党成立了，从此中国革命有了旗帜，有了方向。我们说，这面旗帜是共产主义，是革命信仰，而李大钊，正是中国第一个摇旗呐喊的人。1927 年，李大钊遭到军阀反动势力的迫害，第一个昂首走上绞刑架的他，在生命的最后一瞬，留给世界，留给人民最后的呐喊：“共产党万岁！”我们知道，共产主义革命信仰已然印刻在他心中，印刻在他年仅三十八岁的年轻生命中，昭示在百年路途上，照亮着无数青年的青春。我想，百年前的问题早已有了答案。在一个世纪以后的今天，每当我们追思这位革命开拓者时，我们会想到：中国的春天，已经弥漫在中国共产党领导下的每个角落。在闪烁着红色星光的青春里，这份对革命信仰的矢志不渝，万古长明。

红色青春里，使命担当长存。我们是这个时代的见证者，见证北京奥运，点燃民族火炬；见证中国脱贫，实现全面小康；见证“嫦娥五号”登月，科技强国发展；而经历举国抗疫，则更坚定了时代赋予我们的责任。这些记忆值得被我们铭记，是为不忘初心，珍惜当下，继续前行。我们是百年历程中的前行人，这些记忆值得被我们铭记，更因奉献其中的人们，用行动为我们诠释了什么是勇担重任。

2021 年春节前夕，家乡河北疫情又起，我们河北民族师范学院的同学们在家乡为当地防疫工作出力，也正是这次与医护人员、民政工作者等来自不同单位的抗疫工作者并肩作战的经历，真正地让我们懂得了青年人的责任与担当，让我们更加真实地感受它的重量，更加懂得“为人民服务”的初心内涵。若有人问我们当代青年的时代责任是什么？我想我们一定是心怀梦想、眼含星光地说：“用百年党史中的红色青春记忆，增强开拓前进的勇气；用百年党史中的红色青春记忆，鼓舞新时代的有志青年！”

习近平总书记曾言：“一个时代有一个时代的问题，一代人有一代人的使命，虽然我们已走过万水千山，但仍需不断跋山涉水。”故我辈深知，在红色星光的照耀下，任重道远，我们这一代人青春的意义以及人生的价值，就是要为人民的幸福、民族的复兴心怀责任，永续奋斗！

（作者系文学与传媒学院 2018 级新闻学专业学生）

# 来自西藏雪域的公仆赞歌

孙梦宇

在遥远的西藏，在茫茫的雪域，有这样一位人民公仆，他用自己的生命践行着奉献精神，他用自己的双手给百姓创造着幸福，他把自己的根深深地扎在了这片崇高的土地中。他说："我在哪里发生不幸，就把我埋在哪里。"他，就是孔繁森。

有人说，他清贫一生，去世时身上只有八元六角钱；有人说，他鞠躬尽瘁，《关于发展阿里经济的12条建议》就是他离世前的绝笔；有人说，他是真正的共产党人，他把"为人民服务"的信条印刻在了血肉里。人们是多么尊敬这位党的好干部！"一尘不染，两袖清风，视名利安危淡似狮泉河水；二离桑梓，独恋雪域，置民族团结重如冈底斯山。"这幅挽联就是献给孔繁森的崇高赞歌。

当祖国在召唤，当基层需要时，有多少人能像孔繁森一样，毅然决然地两次进藏，毫不犹豫地舍弃稳定的生活？在孔繁森的眼里，党和人民就是他至死不渝的选择，也是他唯一的选择。

1979年，国家要从内地抽调干部进藏。能否忍受恶劣的环境？能否忍受对妻儿的思念？能否带领藏民脱贫致富？对于要进藏的干部来说，这一切都是未知数。而时任山东聊城地委宣传部副部长的孔繁森毫不犹豫地报了名。他豪言："是七尺男儿生能舍己，做千秋鬼雄死不还乡！"在藏区担任了三年岗巴县委副书记后，孔繁森回到了山东。1988年山东省再次选派干部进藏，这次他仍然一马当先，"我是党的干部，服从组织安排"。1992年，孔繁森任职拉萨市副市长期满，西藏自治区党委又任命他为阿里地委书记，他仍然没有怨言。在孔繁森生活的那个年代，根本没有我们现在这般生活条件，到了基层只有两个字等着他，那就是——吃苦！这苦，他终究还是咽下了，并且幸福地咽下了。不幸的是，命运对这位好公仆多少有些不公，一场车祸让他的生命永远地定格在了五十岁。但是，“孔繁森”这三个字，却烙印在了每一个中国人心中。作为一名老党员，他毕生都将党和人民放在第一位，这是多么可歌可敬！

在西藏工作期间，孔繁森全身心地扑到了事业上，他最高的理想就是带领群众脱贫致富。“青山处处埋忠骨，一片热血洒高原”，他在无私地奉献着自己的一点一滴。

我们常常讨论什么是好干部的标准，真正的好干部就是与群众心连心，与人民同甘共苦，就是双脚沾满泥土。孔繁森最令我敬佩的就是他超强的执行力和融入群众的能力。在岗巴时，他跑遍了全县；在拉萨时，他视察了几乎所有的学校；在被称为“世界屋脊的屋脊”的阿里，他奔波了八万多公里。他到群众中，与老百姓一起打场、干活，给他们看病、治疗。他可能从来没把自己当成高高在上的干部，而把自己看作一个普通人，他愿意俯下身子倾听老百姓的任何诉求。孔繁森曾在日记中写道：“阿里的贫穷是我们的耻辱，带领群众致富是我们的天职。”正是有着这样的信念，他一直在路上，他也从未停歇。

然而，他也有自己的小家庭，离开家时也会有不舍和留恋，但是孔繁森始终认为他属于人民。他没有什么积蓄留给家人，他把大部分的钱都给群众花了，拿不出妻子到西藏探亲时的路费，甚至连女儿的学杂费都交不起。按理说他的条件支撑一个家庭应该绰绰有余，可事实恰恰不是这样。不仅如此，孔繁森还在地震残墟上领养了三名藏族孤儿，为了筹集孩子们的生活费，他献血九百毫升换钱……像孔繁森这样清廉的干部，是其他干部应该学习的榜样。

有一句话让我很感动，就是孔繁森的小女儿孔玲曾接受央视采访时说的：“爸爸活着的时候，常常说对不起奶奶，对不起妈妈，对不起我们，但是他最对不起的是他自己。”该是怎样的一种胸怀，心中始终装着他人，从来不为自己考虑；该是怎样的一种大爱，明知道会亏欠家庭，仍然选择了为更多的人创造更好的未来。

《公仆赞》唱给孔繁森，“汗水洒齐鲁呀，雪域立功勋，甘为孺子牛，默默苦耕耘……”这片西藏雪域，再也不见孔繁森的身影，但是千千万万个“孔繁森”来了，越来越多的干部进藏，带着他们火热的赤诚忠心。冰山愈冷而情愈热，这首公仆赞歌永不唱绝，“孔繁森精神”永闪光辉！

（作者系文学与传媒学院 2018 级新闻学专业学生）

# 寻访红色人物，致敬革命英雄

郭立峰

革命先烈、英雄人物的榜样力量，正是红色基因的鲜活体现。习近平总书记指出：“一个有希望的民族不能没有英雄，一个有前途的国家不能没有先锋。”中国特色社会主义已经进入新时代，在新时代、新形势下，重温革命战争历史，讲好革命英雄事迹，塑造英雄群像，传承血火淬炼的红色革命精神显得尤为重要。我校红色基因传承工作室通过采访和对几位老同志口述的记录，使同学们更加近距离地感受到战争革命年代的艰辛，以及那种为了信念奋不顾身、不怕牺牲的精神。他们是我们身边的英雄，是我们永远学习的榜样。

徐恒江，现年九十岁，1947 年参军，入伍京南支队。在战火纷飞的年代，他曾参加一系列解放战争及抗美援朝战争，于 1954 年光荣退伍。在庆祝新中国成立七十周年时，受邀赴北京参加国庆阅兵游行。

在徐恒江老人的记忆里，最刻骨铭心的还是朝鲜战场上的严冬。夜晚气温常常在零下三十摄氏度，炮手夜间值班，手套接触炮身就会被粘住，坐在炮盘上，不一会儿鞋子就跟炮盘冻在一起了。就是在这样极端艰苦的环境中，志愿军高射炮部队构筑起了一道道坚固的“天网”，让美军飞行员尝尽苦头。抗美援朝战争期间，志愿军高射炮兵先后有四个野战高炮师，二十一个城防高炮团，六十个独立高炮营，一个探照灯团和五个探照灯营，四个雷达站，近十万将士入朝参战，共击落敌机两千三百三十五架，击伤七千五百一十二架，给不可一世的美国空军以沉重打击，为赢得战争的胜利立下殊功。徐恒江所在部队受到志愿军总部嘉奖。如今，这支战功卓著的部队已经编入人民空军序列，装备了先进的地空导弹，担负起护卫国家空防安全的重任。

1954 年 7 月，徐恒江复员回到大港区崔庄子村务农，深藏功名。2019 年，在新中国成立七十周年庆典上，他作为老战士代表，受邀加入“老兵致敬方队”，那是他自 1949 年担任开国大典保卫任务之后七十年来第一次进京。徐恒江说：“看着地面走的、空中飞的，那么多现代化的武器装备，我掉泪了。为什么呢？心里激动啊。那些牺牲的战友们要是知道我们军队现在这样强大，不定多高兴呢！”

千万个像徐恒江这样的老兵精神，具有震撼人心的力量。自古以来，革命英雄主义就植根于中华民族的精神血脉，中华大地上“一时多少豪杰”。在抗美援朝战争中，更是涌现了数不胜数的英雄，昂扬起气壮山河的革命英雄主义精神。

在整个抗美援朝战争期间，志愿军将士以勇于担当的英气、横刀立马的豪气、舍我其谁的勇气、赴汤蹈火的胆气，与美帝国主义进行了一次次惊心动魄的抗争……魏巍在《谁是最可爱的人》中，为我们展现了志愿军战士与敌人血战到底的松骨峰战斗：“勇士们在这烟与火的山岗上，高喊着口号，一次又一次把敌人打死在阵地前面。敌人的死尸像谷子似的在山前堆满了，血也把这山岗流红了。”志愿军官兵在战场上创造了一次又一次的奇迹。

不论所处哪种时代、身在哪个岗位，我们都要始终保持崇高信仰。不讲条件、不计得失，为党分忧、为民解难、牢记宗旨、坚定信仰，真正把对党的绝对忠诚刻进心中、融入血脉。在国家最需要的时候挺身而出，在人民最需要的地方主动作为。以“功成不必在我”的精神境界，坚持“功成必定有我”的实干拼搏，全身心地投入到祖国的建设中来。我们也会将这份感动与体悟用文字和影像记录下来，传播、分享给更多的青年学生，让更多人加入到红色精神的继承与发展中来。

中华民族是崇尚英雄、成就英雄、英雄辈出的民族，和平年代同样需要英雄情怀。对一切为党、为国家、为人民做出奉献和牺牲的英雄模范人物，我们都要发扬他们的精神，从他们身上汲取奋发力量，共同为推进中国特色社会主义伟大事业、实现中华民族伟大复兴的中国梦而顽强奋斗、艰苦奋斗、不懈奋斗！

（作者系旅游与航空服务学院党总支书记）

# 青年人不能没有浩然英雄气

纪亚东

孟子曰："我知言，我善养吾浩然之气。"所谓浩然之气，就是大义大德造就的一身正气。英雄者，乃国之干也。古往今来，无数英雄为了国家之富强、民族之希望慨然赴死，形成中华民族浩然英雄气。浩然英雄气，星火传精神。习近平总书记指出："一个有希望的民族不能没有英雄，一个有前途的国家不能没有先锋。"

青年人不能没有浩然英雄气，这是历史给我们的宝贵财富。抚今追昔，饮水思源，青年人不能忘记，正是有了英雄的舍生忘死，才有了国家的富强、人民的幸福。青年人，你一定读过方志敏的《可爱的中国》，细细品味过"欢歌将代替了悲叹，笑脸将代替了哭脸，富裕将代替了贫穷，康健将代替了疾苦，智慧将代替了愚昧，友爱将代替了仇杀，生之快乐将代替了死之悲哀，明媚的花园将代替了凄凉的荒地"！这是英雄至死为之奋斗的目标，也是英雄没有看到的未来。我想，当方志敏戴着镣铐，走上刑场的时候，脑海里肯定浮现的是欢歌、笑脸、富裕、康健、智慧、友爱、生之快乐和明媚的花园，为此，他慨然赴死。青年人，你现在坐在明亮的教室里，肯定到处充满了欢声笑语，千万不要忘了我们的革命先辈。岁月绵延，不变的是精神的追随，青年人务必具备浩然英雄气，才无愧为英雄的后代。

青年人不能没有浩然英雄气，这是时代给我们的使命。今天，中国正在发生日新月异的变化，向着中华民族伟大复兴的目标奋勇前进，实现中国梦，需要英雄，也需要英雄精神。"天眼之父"南仁东、"氢弹之父”于敏……这些都是让我们青年人骄傲振奋的“大国英杰”。

青年人不能没有浩然英雄气，这是形势给我们的考验。面对突如其来的新冠肺炎疫情，八十四岁的钟南山挂帅出征，以他的医者仁心、学者大义，成为疫情防控的定海神针。更有来自全国各地的白衣天使勇敢“逆行”，他们处在疫情防控一线，与疫魔短兵相接，他们冒着被传染的风险、承受巨大的心理压力，承担着超负荷的工作任务，他们是最美的“逆行”英雄。青年人，你还记得这些医务人员脸上的勒痕吗？还记得他们厚厚的防护服里的汗水吗？哪有什么岁月静好，只不过是有人替我们负重前行。青年人，你是否意识到，这些生活在我们之中的人，正在用他们的行动，向我们诠释浩然英雄气的时代内涵。

新时代的青年，是祖国年轻的血脉，在纪念五四运动一百周年大会上，习近平总书记这样说：“青年是整个社会力量中最积极、最有生气的力量，国家的希望在青年，民族的未来在青年。”青年人，你感受到这些英雄的浩然之气了吗？仰止英雄浩然气，赓续英雄精神，是青年人的责任和使命。奋斗吧，青年！

（作者系旅游与航空服务学院教师）

# 塞罕颂

王明娟

曾经你是皇家的猎苑，
木兰秋狝，策马扬鞭；
曾经你是沙丘一片，
飞鸟无栖，黄沙蔽日尽显沧桑容颜。
为了再造这秀丽的山川，
英雄儿女披荆斩棘，寻梦荒原，
英雄儿女爬冰卧雪，植林百万。
如今的塞罕，林壑幽远，
如今的塞罕，碧水蓝天。
我愿做莫里莫的石山，守望着滦河之源，
我愿做东庙宫的金蟾，畅饮着乌苏玉泉。
塞罕啊塞罕，我希望的摇篮，
塞罕啊塞罕，我美丽的家园。

曾经你是皇家的猎苑，
木兰秋狝，策马扬鞭；
曾经你是沙丘一片，
飞鸟无栖，黄沙蔽日尽显沧桑容颜。
为了续写这巨幅的画卷，
英雄子孙不忘初心，砥砺向前，

英雄子孙承继遗泽，绿色发展。
如今的塞罕，绿水青山，
如今的塞罕，如梦如幻。
我愿做红松洼的草甸，依偎在古树身边，
我愿做望海楼的飞燕，守护着万顷林田。
塞罕啊塞罕，我希望的摇篮，
塞罕啊塞罕，我美丽的家园。
我美丽的家园，美丽的家园！

（作者系《河北民族师范学院学报》编辑部主任）

# 向英雄学习，我们该学什么？

王 平

在我国几千年的历史上，涌现出了无数的英雄人物，他们都是从普通人成长起来的，因为坚定理想信念，坚定家国意识，最终成为让后人牢记的英雄。今天，我们该向英雄学习什么？站在高校教师的角度，从立德树人的教育目标出发，我认为应该从以下几个方面学习。

第一，我们向英雄学习，就是学习他们“精忠报国”的爱国精神。“利于国者爱之，害于国者恶之。”爱国精神是民族精神的脊梁。华北平原上的一个庄户人家写下过这样一副对联“万众一心保障国家独立，百折不挠争取民族生存”，横批“抗战到底”。这是中华儿女同日本侵略者血战到底的怒吼，是中华民族抗战必胜的宣言。千百年来，无数仁人志士，为了祖国的利益，为了人民的利益，抛头颅、洒热血。今天，我们在大学课堂上，在大学生的日常管理中，要宣传贯彻“精忠报国”的爱国思想，培养大学生的家国情怀，引导大学生树立家国一体意识，强化国家认同；引导大学生以家国天下为重，以民族大义为念，把个人理想追求与国家民族命运联系在一起；强化大学生责任担当意识，为实现中华民族伟大复兴的中国梦不懈奋斗。

第二，我们向英雄学习，就是学习他们坚定的理想信念。这里的理想信念，是指为人民谋幸福，实现中华民族伟大复兴的理想信念；是指维护祖国统一、实现祖国繁荣昌盛的理想信念；是指不忘初心，践行使命的理想信念。作为高校教师，我们要积极贯彻实施党的教育方针，为祖国培养合格的人才，并把德育放在首位。为此，教师必须有较高的道德修养，较强的党性原则和坚定的理想信念，身体力行，言传身教，主动学习中国共产党党史、新中国史、改革开放史和社会主义发展史，从历史中汲取营养，不断提升自身的思想素质，并把相应的理念渗透在教育教学全过程中，达到润物细无声的效果。

第三，我们向英雄学习，学习他们不畏艰险，矢志不渝的奋斗精神。英雄不论成败、不问出处，他们目标明确，奋力前行，不论遇到多么大的困难，多么艰难的障碍，从不言弃，砥砺奋进。这种不屈不挠的精神激励着今天的我们，克服工作和生活中的种种障碍，向目标前进。大到国家，小到家庭，我们可以感受到这种奋斗精神，体现在社会经济生活的方方面面：从大地震的废墟中崛起的新唐山城，从改革开放实践中实现了站起来、富起来、强起来的发展成就，抗击 2003 年非典的成功，汶川地震的八方救援和灾后重建的伟大成就，2008 年奥运会的成功举办，全面建成小康社会，成功抗击新冠肺炎疫情，等等。这些都体现了中国共产党为实现中国梦，带领全国人民奋勇前行的奋斗精神。作为教师，我一方面以这种奋斗精神激励自己刻苦努力，提升自身的教学能力和水平，不断提升专业素养；另一方面我把这种奋斗精神灌输在课堂教学中，引导学生们树立远大目标，并为之不懈奋斗，成长为社会需要的优秀人才。

第四，我们学习英雄，就是学习他们为了远大理想而甘于付出的奉献精神。习主席考察酒泉卫星发射中心时，高度评价我国“两弹一星”工作者们的奉献精神，他们“死在戈壁滩、埋在青山头”，但他们无怨无悔，为祖国的国防事业贡献终生。这种奉献精神，是英雄的共同特质。从五四运动开始，为实现中国的崛起，无数英雄献出了宝贵的生命；陈独秀创办《新青年》唤起民族的觉醒，李大钊传播马克思主义思想，加速了中国共产党的建立；南昌起义打响了武装反抗国民党反动派的第一枪，无数英雄献出了宝贵的生命；东渡黄河开始的敌后抗战，无数先烈为抗击外辱献出了宝贵的生命；在辽沈、淮海、平津三大战役中，无数英雄为新中国的成立献出了宝贵的生命；在抗美援朝、对越自卫反击战中，无数英雄为捍卫国家利益献出了宝贵的生命；在祖国的建设和发展中，在平凡的岗位上，无数英雄为了革命事业献出了宝贵的生命。作为大学老师，坚守岗位，以为党育人、为国育才为己任，不计个人得失，就是践行英雄的奉献精神。

我们学习英雄，践行英雄的精神，必将诞生更多的英雄，英雄之花必将开遍祖国大地。

（作者系旅游与航空服务学院教师）

# 致敬英雄、致敬新时代英雄

王　莹

在当今和平年代，英雄事迹更应被传颂，英雄精神更应被传承，我们应当缅怀英雄、致敬英雄。

中华民族是一个崇尚英雄、成就英雄、英雄辈出的民族。古有岳飞“精忠报国”，陆游“王师北定中原日，家祭无忘告乃翁”，文天祥“人生自古谁无死，留取丹心照汗青”；近有林则徐虎门销烟，鲁迅弃医从文以笔唤醒中国人，八路军五战士勇跃狼牙山，钱学森放弃美国高薪聘请毅然回国，屠呦呦潜心钻研终结硕果。饮水思泉，不忘来路，在我们享受和平与安逸的同时，更应铭记英雄、致敬英雄、崇尚英雄。

英雄是民族的脊梁，一个有希望的民族需要英雄，一个先进的国家需要先锋。曾有一段时间，雷锋事迹被说成是造假，黄继光堵枪眼、董存瑞炸碉堡被认为是假的，狼牙山五壮士的事迹也被人质疑……种种不尊重英雄的言论被发表出来。对此我认为，任何亵渎经典、亵渎英雄的言论及行为都应被谴责、被严惩，我们绝不能让英雄流血又流泪。英雄是用来歌颂的，不是用来诋毁的。中华民族要实现奋斗目标需要英雄，需要英雄精神。为此，我们都应该捍卫英雄。

有一种英雄叫“逆行者”。“明知山有虎，偏向虎山行。”八十多岁高龄的钟南山院士，十七年前抗击非典，现如今又义无反顾地踏上了抗击新冠肺炎的道路，武汉金银潭医院院长张定宇，身患绝症，但当疫情来临，他选择在自己生命倒计时的时刻，用行动来回答他该怎样做！这些，都是中国最勇敢的人，都是国之英雄！

有一种英雄叫“白衣天使”。疫情即是冲锋号，号声发出，英雄们不顾小家，瞒着父母，抛下年幼的孩子，参与到这场没有硝烟的战争里，如洛阳嵩县“90后”护士瞒着父母到一线工作，镜头下的她带着重重的黑眼圈，她拒绝给家人报平安，只因为她担心哭花护目镜，照顾不了病人。“哪里有什么白衣天使，只是一群孩子换了一身衣服，学着前辈的样子，治病救人和死神抢人罢了”，医护人员纷纷表示自己并不是英雄，只是不想让患者那么难受。可疫情之下，这些逆行者肩担职责，勇往直前，怎么不是英雄呢?

有一种英雄叫“常鳞之士”。疫情之下，铁路人的身影从未缺席，国家铁路集团向疫情严重的地区运送物资，一位女乘务员刚生下孩子，就与孩子分别，奔赴岗位；火神山医院的神速竣工离不开日夜劳作的建筑工人；出行不便，外卖小哥成了空荡马路的坚守者；暗淡的路灯下，一个环卫工人，低头清扫马路……他们同样期望团圆，只是他们在职责面前，选择勇往直前。

无论是冲往一线的医护人员、人民警察、铁路职工，还是钟南山院士、渐冻症院长张定宇，他们都是最勇敢的人。

我们万众一心，共同抗“疫”。防疫战仍在继续，千千万万医护人员、警察、人民子弟兵、铁路人都在继续战斗，数“英雄”人物，还看今朝!

（作者系旅游与航空服务学院教师）

# 学党史，跟党走

徐　宁

十月革命一声炮响，给我们带来了先进的思想武器——马克思主义。无数先烈用鲜血和生命证实，只有马克思主义才能救中国，只有中国共产党才能带领中国人民崛起。饱经战争灾难的中国人民在中国共产党的指引下，最终推翻了统治中国两千年的封建剥削制度，推翻“三座大山”。

沧海桑田、神州巨变，一百年征程岁月峥嵘，一百年征程金光灿烂；一百年风雨兼程，说不尽的坎坷沧桑；一百年风云变幻，道不完的伟业辉煌！如今，南极上空早已飘扬着我们的五星红旗，太平洋上出现了我们强大的海军舰队；如今，一座座现代化的城市迅速崛起，一幢幢高楼大厦、工厂、高科技企业遍地生花，那些曾经蔑视我们的列强，一个个低下了自命高贵的头。我们这个曾经饥寒交迫的民族，已经可以骄傲地告诉世界：一个伟大的党正带领地球上五分之一的人口实现小康，走向共同富裕。现如今，我们有先进的中国共产党执政，我们是世界上防控新冠肺炎疫情最成功的国家之一，所产疫苗已应用到多个国家，我们也是自新冠肺炎疫情发生以来经济发展实现唯一正增长的主要经济体，这些更加说明了我们党和国家制度的优越性，只有社会主义才能救中国，只有中国共产党才能带领中国人民走向繁荣富强，也正是有了千千万万心怀共产主义信念的这些共产党员、革命先辈，有了他们牺牲个人、追求真理的大无畏精神，才换来了我们今天的幸福生活。

生在当代，我们一代青年人备感骄傲与自豪，我们见证了祖国的光辉历程，一代又一代的中国人民都在自己的工作岗位上默默奉献。作为一名党员，一名土生土长的围场人，我最能感同身受的就是塞罕坝精神。小时候，父母经常带我去塞罕坝参观，那时候还没有如今这般绿水青山，但也已是旅游胜地。那时父亲就给我讲塞罕坝原来是一片荒漠，高海拔、高寒、沙化的恶劣环境几乎无人居住，刚刚建场的塞罕坝，没有粮食、缺少房屋、交通闭塞，冬季大雪封山，没有学校、没有医院、没有娱乐设施，第一批塞罕坝人从四面八方赶来建设此地，除了简单的行李衣物，其他的几乎一无所有。但是通过塞罕坝三代人几十年来的艰苦奋斗，在极端恶劣的环境下开辟了这片无人踏入的荒漠，创造了一个把荒原变为林海、沙漠变成绿洲的绿色奇迹。现在，我回到曾经去过的塞罕坝景区，又是一番新景象，艰苦奋斗的塞罕坝人成功营造了全国面积最大的集中连片人工林海，谱写了不朽的绿色篇章。三代塞罕坝人艰苦创业、科学求实、无私奉献的精神，值得我们每一名党员学习，虽然在平凡的工作岗位中可能没有那么多展现自己的机会，但作为一名骄傲的共产党员也应做到尽职尽责，做好自己力所能及的事情，实现自我的人生价值。

在我们承德还有一位家喻户晓的抗战英雄，那便是董存瑞。1948年5月，中国人民解放军攻打隆化城的战斗打响。他所在连队担负攻击国民党守军防御重点隆化中学的任务。他任爆破组组长，带领战友接连炸毁四座炮楼、五座碉堡，顺利完成了规定任务。连队随即发起冲锋，但突然遭到敌人一隐蔽的桥形暗堡猛烈火力的封锁，部队接连两次对暗堡爆破均未成功。董存瑞挺身而出，向连长请战："我是共产党员，请准许我去！"连长批准了他的请求，他毅然抱起炸药包，冲向暗堡，前进中左腿负伤，顽强坚持冲至桥下。由于桥形暗堡距地面超过身高，两头桥台又无法放置炸药包。在部队攻击受阻的危急关头，他毫不犹豫地用左手托起炸药包，右手拉燃导火索，高喊："为了新中国，冲啊！"碉堡被炸毁，董存瑞用自己的生命为部队开辟了前进的道路，牺牲时年仅十九岁，这种大无畏的爱国主义精神值得我们每位党员学习，作为老乡的我倍感骄傲与自豪。

作为一名当代青年，作为一名中国人，我如此骄傲，当国门外其他国家正在经历新冠肺炎疫情的侵蚀、战争暴乱时，我们能毫无后顾之忧地在自己的工作岗位上安心工作，能尽情享受这个美好的世界，这要感谢我们的党，感谢我们伟大的祖国。我们能做的就是要用心学习党史，感悟我们党百年艰苦奋斗的精神，用心去思考自己作为党员在新时代的任务和使命，把宝贵的红色精神融入自己的血脉之中，用自身行动让百年大党永葆青春。

（作者系学校科研处教师）

# 英英芳润齐颂赞

## ——致社区平凡党员支润芳

薛　梅

### 1

看上去
她和其他社区干部没什么两样
纤细的身材
亲和的笑容
有着令人信服的眼神
从背影看
身板笔挺
清爽中透着干练
透露着一种军人特有的气质

这是一个五月的夜晚
祖国即将迎来建党百年华诞
此刻，支润芳还没有回家
她站在碧园小区居委会窗前
看着鳞次栉比的楼房

感受着万家灯火
她的内心奔涌着豪情

安居乐业
这是多么幸福的日子
支润芳伸开双臂抱住头颈
左右活动一下腰身
这闪烁的灯火
好像跳跃的五线谱
在支润芳的心中
弹奏着一曲颂歌
她忍不住又颠了颠脚尖
有节奏感的
让心中的音符流淌出来
汇入岁月的长河

## 2

她看到一段青葱的时光
她从军营中一路走来
看到自己脱下军装
卖服装，开饭店
生意做得风风火火
她有些心满意足地笑了
她在朝阳里走
走着走着
看到一个叫支润芳的成功个体人士
在一则招聘启事前
陷入了沉思

社区工作人员招聘启事
这像一股电流击中了她的心
这感觉又像初恋
一见钟情，非他莫属
这才是她真正可心的工作
多么好
跟居民打交道
为老百姓办实事
多年来部队的教育
入党宣誓时的豪情
似乎在这一刻又重温了一遍
似乎时光隧道开启
她满满的拥抱着青春的激情

工作中不会的
她向前辈们虚心学习
她看到自己越来越温暖
她听到居委会的房间里
有倾心的交谈
也有开心的笑声
支润芳在时光的回望中
眼睛湿润了
她记得工作中那些难办的事
垃圾处理、邻里矛盾、生活困难
一样样，一桩桩
哪一件都不能回避
她曾彻夜难眠
也曾吃不下饭

但她懂得以心换心
要把居民当作自己的亲人
就没有委屈
也没有解决不了的事

## 3

支润芳实干、肯干、踏实干
获得了碧园社区居民们的爱戴
一想到这里
她脸上飞出红霞
和不知远处谁家的红灯笼一样
为夜色平添了几许妩媚
她记起王阿姨一家紧握的双手
至今还是她不竭的动力
她记起聋哑儿童小雨馨深情地注视
再苦再累
她的心里也是甜蜜无比

已是党支部书记的支润芳
比以前更忙了
她组织没技术、没文化的居民
集中学知识、学技能
实现了就业自立
她为对那些患大病无力救治的居民
跑手续，募捐助
解其燃眉之急
想到这，支润芳不禁笑起来
那些奔波的日子

多么充实，多么值得呀
因为她看到过他们自食其力后
恣肆流淌的感激的泪水
她看到过一家人和和美美的欢笑

一切都是值得的
一切的缘分都是命中注定
社区不大，可民心重大
琐事再小，也关系着民生大计
她想起入党宣誓紧握的拳头
不觉间又举起右手
为人民服务的初心不忘
这才是她力争上游的动力
此刻，她幸福满满，浑身都是力量

**4**

支润芳不记得自己捧回多少证书
获得多少荣誉和称号
她总是笑着说
我个人不过是一滴水
只有依靠党的力量、集体的智慧
才有无尽的大河奔流
这是我们整个碧园的荣誉
楼下传来居民拉着乐器唱红歌的声音
微笑着的支润芳
笑得英气飒爽
笑得国色天香
笑得人心暖暖

支润芳凝神谛听
楼下又唱起抗疫歌曲
那些难忘的时光一一涌来
梗在喉头，有些许苦涩
突如其来的新冠肺炎疫情
让人间有了软肋，也有了铠甲
大疫当前
她深知任何一点疏忽
都会造成不可估量的损失
入户排查，封闭守卫，联络各方
她始终坚守一线
张贴标语，接送留学生，心理辅导
她始终冲锋在前
累了，饿了，冷了
也绝不松懈
听党话，跟党走
支润芳牢牢记在心间

夜深了
健身的人们渐渐散去
支润芳从居民委员会走出来
又习惯性绕着小区楼宇巡查
她看到一家窗前映出电视画面
锣鼓喧天的场景
让她一下子又回到了
庆祝新中国成立七十周年的阅兵现场
那是怎样的欢欣鼓舞
又是怎样的热泪盈眶

她有幸作为一名全国优秀基层党组织代表
乘上了“从严治党”的游行花车
她挥舞着鲜花
她高喊着祖国万岁
她看到习总书记站在天安门上
向游行的群众挥手致意
她看到了一个万象光昭的祖国
正自信地屹立在世界之林

## 5

支润芳大踏步地走着
无数的支润芳大踏步地走着
这些平凡的英雄们
凭着中国人的信念
化身为无数种身份
出现在我们的城市
我们的乡村
我们的山山岭岭
默默地付出，默默地奉献
守护着一方热土
守护着天蓝云白的故乡
守护着绿水青山的祖国

如何能不赞美
这些平凡的英雄
无数的支润芳正手挽着手
筑起一座魏巍的燕山
魏巍的太行

魏巍的民族精神的万里长城
英雄啊，你的心中民心巍峨
你的心中山川锦绣
你的心中有日月的辉煌
你的心中有我们伟大、光荣、正确的党！

（作者系文学与传媒学院教师）

# 弘扬英雄精神，激励时代前行

张　野

在漫长的历史长河中，在中国革命、建设和改革的各个历史时期，中华民族始终是一个崇尚英雄、成就英雄、英雄辈出的民族。“天地英雄气，千秋尚凛然。”历史的天空、英雄烈士灿若群星，熠熠生辉。岁月的长河里，无数英烈前仆后继，为争取民族独立、实现国家富强、促进世界和平而英勇献身，他们以鲜血浇灌理想，用生命捍卫信仰，构筑起一座座不朽的丰碑。

让我们翻开历史的课本，用饱满的热情和敬畏的感情去缅怀那永垂不朽的光辉事迹和毕生奋斗的崇高精神。

1919 年 5 月 4 日，爱国学子三千余人在天安门前集会，五四运动在民族危难之际爆发了。这场伟大的爱国运动，以磅礴的姿态鼓起了中国人民和中华民族实现民族复兴的志向和信心。1921 年 7 月，中国共产党诞生了。这一开天辟地的大事变，深刻改变了近代以后中华民族发展的方向和进程，深刻改变了中国人民和中华民族的前途和命运。

从风雨飘摇的红船始航，他们乘风破浪、砥砺前进，那是鲁迅先生的“我以我血荐轩辕”，那也是陈独秀先生的“国家者，保障人民之权利，谋益人民之幸福者也”。在动荡的中国大地，正是他们用超前的眼光、顽强的定力与时代抗争，向世界呐喊。

1937 年 7 月 7 日，七七事变爆发，在民族危亡的紧要关头，无数的中华儿女奋勇崛起，为民族危亡而战、为中国人民而战。血泪奔流、英勇无畏、枪林弹雨，他们用生命书写了世界的奇迹。那是在冰雪中以身殉国的杨靖宇，那是一腔热血洒太行的左权，那也是数以万计中华儿女不屈的脊梁。

在中国人民抗日战争的壮阔进程中，形成了伟大的抗战精神，中国人民向世界展示了天下兴亡、匹夫有责的爱国情怀，视死如归、宁死不屈的民族气节，不畏强暴、血战到底的英雄气概，这是用行动、用鲜血书写的传奇篇章，这是令世界都为之震撼的中国力量。

1949 年 10 月 1 日，毛主席向世界宣告，新中国成立了。当五星红旗缓缓升起、当国歌响彻大地，那是所有中国人都不可忘却的史诗。从 1949 年到 2021 年，在中国共产党的领导下，中华民族迎来了从站起来、富起来到强起来的伟大飞跃，绘就了一幅波澜壮阔的历史画卷，谱写了一曲气壮山河的奋斗赞歌，走出了一条彪炳史册的人间正道。那是老一辈革命家的敢为人先；那是新中国建设者的兢兢业业；那是各行各业劳动人民的团结奋斗。时间犹如一把标尺，刻录着多年非凡成就背后的艰辛与辉煌。

这是一段筚路蓝缕的征程，也是一段传奇辉煌的岁月，从第一条铁路到成功淬炼第一炉不锈钢，从中国科学家第一次发现青蒿素到“神威·太湖之光”夺得超算冠军，从逐渐强大的石油工业到世界制造大国，这是中国人民共同努力奋斗创造的奇迹，这是面向未来，一往无前的精神动力。

面对突如其来的新冠肺炎疫情，举国上下团结一致、共克时艰，万众一心、共同前行。习近平总书记强调：“我们要在全社会大力弘扬伟大抗疫精神，使之转化为全面建设社会主义现代化国家、实现中华民族伟大复兴的强大力量。”在过去的一年多时间里，中国人民用行动记录了一段可歌可泣、刻骨铭心的岁月。在以习近平同志为核心的党中央坚强领导下，十四亿中国人民进行了一场惊心动魄的抗疫大战，经受了一场艰苦卓绝的历史大考，付出了巨大努力，也取得巨大成绩。那是彻夜不眠的白衣战士，那是反复试验的科学人员，那也是默默承受风险的普通群众。在同疫魔的殊死较量中，中华民族以敢于斗争、敢于胜利的大无畏气概，铸就了生命至上、举国同心、舍生忘死、尊重科学、命运与共的伟大抗疫精神。

经历了抗疫斗争的洗礼后，未来的前行道路上依旧充满各种风险挑战。但中国人民会凝聚力量，奋力实现决胜全面建成小康社会、决胜脱贫攻坚目标任务，在全面建设社会主义现代化国家的新征程上创造新的历史伟业。

百年征程波澜壮阔，百年初心历久弥新。一百年高岸深谷、一百年饥寒交迫、一百年光影交错，是中国人民从饥寒交迫到全面小康的历史跃迁，是中华民族从站起来、富起来到强起来的命运转换。

回顾百年党史，从一颗寄存希望的种子萌芽到一树繁花硕果的碧树参天，我们党、我们人民始终保持着内心的纯真，因为热爱所以奔腾，因为奔腾所以前进。弘扬英雄精神，激励时代前行，内化老一辈革命者的血脉情怀，不忘初心、砥砺奋进。

（作者系旅游与航空服务学院党总支副书记）

# 学史力行，向塞罕坝精神致敬

张玉林

## 1　向塞罕坝精神创造者致敬

坝上的花红
不如造林者的心红
每天的汗水
每年的执着
将山染绿
将花浇红

坝上的风硬
不如造林者的精神硬
每天的坚持
每年的守护
使荒漠成绿洲
使荒山展葱茏

坝上的天蓝天晴
犹如期待青山绿水的心情
林海苍苍

鸟语花香
身临千里松林
终生不忘坝上一次行

坝上的山绿水清
坝上的云白霞红
坝上的风硬风轻
坝上人的坚持、守卫、创造
才有了
满山绿
遍野红
河水清
这种精神
已经深深地融入青山绿水中
已经深深地扎根我们的心中

## 2 塞罕坝，平凡的伟大

来到塞罕坝
望着一棵棵青松
看着一株株白桦
有谁能想到
五十多年前
这里曾是一片戈壁荒沙

是20世纪60年代
一群青年人来到塞罕坝
造林安家
冒着严寒

顶着风沙
日复一日
年复一年
让岁月燃烧着青春
让风霜染白了黑发
几代人的艰苦奋斗
几代人的执着造林
几代人的顽强治沙
让这里发生了翻天覆地的大变化

望着
千顷碧色林海
无际白云绿纱
蓝天秀水
红黄紫花
这就是几代塞罕坝人的壮丽青春
这就是几代塞罕坝人的生命年华

松树是那么向上挺拔
白桦是这样茂盛高大
枝叶长长地伸向天空
根须深深地扎入大地
我感到了
生命的顽强
平凡的伟大
我深深体会到
这是一种精神
在向天空升华
在向大地深扎

这种精神
伴着塞罕坝的绿树
顽强地慢慢地一起生存长大
这种精神
伴着塞罕坝的风沙
执着地悄悄地一起生长开花
这种精神就在塞罕坝
这种精神就是塞罕坝

## 3 美丽的塞罕坝

塞罕坝
名字很美
带着诗情画意
她的真貌
比名字更美

松杉翠巍
白桦婷立
万顷林海
绿波涌大地
鸟语在抒情
花香在写意

美丽的地方
有着辉煌的过去
有着艰难的历史
有着动人的故事
有着神话般的传奇

五十多年前的这里
是一望无际的荒漠沙地
飞鸟不栖
树，是这里最稀罕的东西

20 世纪 60 年代初期
一群造林者
像这里的落叶松一样
在荒漠中坚强屹立

在以后的五十多年岁月里
几代人执着进取
一代人艰苦创业、披荆斩棘
一代人执着探索、奋进接力
一代人科学管理、创新努力
不忘初心、使命牢记
苦干、实干
创造了绿色奇迹
蓝了天
青了山
绿了地

责任重于泰山
使命高于一切
这是造林者奉守的真理
深刻诠释着“绿水青山就是金山银山”
揭示着“改善生态环境就是发展生产力”
汗水的结晶就是美丽

实干的成功就是美丽
美在山青水绿
美在塞罕坝
美在塞罕坝人的心里

## 4　心中的塞罕坝

多少次兵戈铁马
多少场风侵沙化

漫漫飞雪
弥天黄沙

历史演义
自然变化

内蒙古高原东南
塞北的风云烟霞

一地的历史
融汇着多种文化

一地的风情
沉淀着历史神话

曾经的漫野荒沙
现在的满目鲜花

曾经的白毛风刮

现在的青色绿纱

几张锨镐
几顶蓬搭

多少次挫折失败
多少次坚韧不拔

几代人的艰辛开拓探索
几十年的育林执着治沙

几度青春岁月
几多难忘年华

几多汗水
几多泪洒

轮镐迎来月落日出
挥锨送走夕阳西下

用毕生来植树
用所有去浇花

笔直的松树
亭亭的白桦

满山绿色
漫眼野花

羊群和着云朵朵白
笑脸映着绚丽彩霞

万顷林海
翠美如画

绿水在欢歌
青山在赞话

高原塞北的绿色美
美在这
——心中的塞罕坝

## 5 塞罕坝放歌

当车从林海公路驶过
当人从树间小道走过
当鸟儿从林梢飞过
当蝶儿从花丛舞过

有谁会想过
这里曾经是茫茫荒漠
千里松林
也不是历史的传说

风吹草美
硝烟烽火
铁马兵戈
冷月冰河

莽原戈壁砾石
曾经在向寒风诉说……

五十多年前
这里来了一群年轻的造林者
自己搭棚建舍
白天上山栽树
夜晚听风狂歌

茫茫荒原
风寒干旱
怎样使树苗成活
开始了艰辛探索

不怕失败
坚守执着
披星戴月
整日护着

几十年的付出
三代人的建设
是怎样的艰难
是怎样的收获
清澈的河水见过
洁白的云朵见过
万顷林海记着
棵棵绿树记着
青山绿水是最好的见证
鸟语花香是最好的评说

盛夏，绵绵林海
唱着绿色的欢歌
寒冬，洁白世界
到处是银装素裹

看着青山
望着绿水
细细地想吧
这是一种精神
产生的巨大力量
使造林者
变成伟大的建设者
建设者就是青山绿水的创造者
更是这种精神的
创造者、践行者、传承者

## 6 致敬劳动的创造，致敬平凡的英雄

在祖国的北方
在内蒙古高原和塞北山地之间
有一片最绿的地方
是美丽的塞罕坝

在这里
曾经有多少草原民族扬鞭跃马
又有多少草原雄鹰
在这里折戟沉沙

在这里
曾经有多少边塞文人吟诗作画
又有多少边关将士
在这里望月看霞

这里曾经上演过
猎士五更行
千骑列云涯

这里天高
这里地阔
这里曾交融着中国的历史
交融着农耕与草原两种文化

这里曾经是千里松林
这里还是木兰围场
这里曾经是高寒荒漠
冬天白毛风如刀刮

新中国成立后的第十三年
一群青年人
来到这里搭棚安家
开始了艰难的造林治沙

春寒又干旱
树苗枯死
冬冷天风寒
树冻成肿胀的冰疙瘩

当时，是怎样的困境
又是怎样的艰辛
别人无法形容
更无法回答

凭借一种意志
凭借一种坚强
凭借一种执着
勇敢探索
百折不回
坚韧不拔
一年，两年，几十年
一代，两代，几代代
像自己营造的青松一样
不怕风刮雪压
挺直向上
像遍野的金莲花
顽强生长
将美丽留给塞罕坝
更像亭亭白桦
将绿色洒满青山
将根深深地扎在塞罕坝
将意志
将坚强
将执着
融进这青山绿水
融进这万顷林海
融进这美丽的塞罕坝

（作者系学生处教师）

# 在工作中践行初心和使命

周嘉丽

新冠肺炎疫情发生以来，在武汉最危难的时候，承德各个医院的医疗工作者们纷纷前往疫情重灾区，白衣为甲、逆行出征，救人民于最危难之时，他们不顾危险、英勇无畏。他们为什么能不畏艰险、排除万难、勇挑重担?

因为他们不忘初心，牢记医生的使命。

因为他们坚持把患者的生命安全和身体健康放在第一位。

因为他们响应党的号召，坚决贯彻落实习近平总书记重要讲话和重要指示精神，牢记人民利益高于一切。

医者仁心，在行医的道路上，有残酷、有失落、更有喜悦，当他们面对突如其来的疫情时，也感叹现实的残酷；当他们面对医疗困境时，也会感到失落；但当他们看到患者的病情逐渐好转，会感到幸福和欣慰。

一名医生的成长要经历漫长而曲折的过程。他们平日里面对工作的挑战，不仅来自病症本身，更多是来自人性的考验，医者仁心，仁者医“心”。医护人员用他们温柔的双手和精湛的技艺，呵护病人的健康，守护病人的心灵。“一切为了治愈更多的病人”是他们作为医生最朴素的追求与信念，即使是遇到疑难杂症，也绝不放弃，在进退两难的患者面前，也能坚定而温暖。

在当前全球疫情形势依然严峻的情况下，我国疫情能够得到控制，是冒着生命危险奔赴抗疫第一线的每一位医疗工作者舍命换来的。医生不仅给予患者对症的药方和指导，更多的是在患者就医过程中的暖心守望，让病患在与疾病抗争的路上不再孤单，与患者建立起深厚的医患真情，给予病人直面病魔的勇气。

抗疫的急诊室中灯光长明，昼夜都有医护人员穿梭的身影，他们是先锋，他们是榜样。他们挺身而出、敢为人先，他们坚守在病人身边，面对每一位病人，不松手，不放弃；面对难缠的病魔，不妥协，不松懈。他们是新时代最可爱的人。我们每个人都要向他们学习，向他们看齐，努力践行自己工作岗位上应该承担的责任，努力帮助身边每一位需要帮助的人。

在灾难面前，时代总是呼唤英雄，“英雄”给我们一种什么样的印象呢？

他们是逆行者，当人们都害怕、逃避的时候，他们却勇往直前。这就是时代的英雄。

武汉的樱花渐次绽放，没有一个春天不会到来。在这次抗击疫情的过程中，让所有人重新思考生命的重量，倾听生命的声音，每一位医疗工作者的剪影，都让我们重新思考：当我们在工作中遇到艰难选择的瞬间时，我们要扪心自问，是否能向医疗工作者们一样做到始终不忘初心呢？

我们要时刻紧密结合自己的岗位职责，从自身做起，以实际行动践行听党话、跟党走的初心使命。将习近平总书记的重要讲话和批示精神谨记于心，见于行动。用实干诠释初心，以担当践行使命，牢记职业精神，树立行业风范。当祖国需要我们的时候，我们能够勇敢地上前一步，这就是我们每一个中华儿女的骨气，也是祖国屹立于民族之林的底气。

（作者系文学与传媒学院教师）

# 英雄永驻心间，青年勇往直前

张　硕

沧海桑田，时过境迁，百年岁月转瞬即逝，大浪淘沙，雄关漫道中，金戈铁马处，多少慷慨悲歌犹在耳畔，多少英雄柱石永铸其间。

忆往昔，残阳如血染山河，烽火如荼满神州，敌寇侵我华夏如入无人之境，乱贼掠我珠玉如取囊中之物，值此万籁俱寂处，幸得赤色惊雷出，二十余载戎马倥偬，百万将士铁血相融，先御东海惊涛之外侮，后定江南风波之内务，不卑不亢不屈膝，打扫屋子再请客，终使山河披锦绣，天下人民果饥腹。

看如今，八纵八横通天堑，脱贫攻坚再向前，五谷丰登仓廪实，匠心独运创新篇，三省吾身定自强，四海升平民安康，乐善好施济天下，腰挎长剑镇八方，结五湖宾朋共筑家园，会四海英雄同行大道，昂首挺胸屹立民族之林，高歌凯进实现复兴梦想。

然凡事绝非一蹴而就，从忆往昔的艰难困苦到看如今的辉煌成就，哪怕其间跃然纸上的只言片语，都是千万革命先辈为之呕心沥血奋斗不止的结果，无论是天安门前升起的冉冉红旗，还是鸭绿江边飘过的袅袅炊烟；无论是罗布泊中闪耀的万丈光芒，还是中南海里响起的改革之声。在党的领导下，每一个迈出的坚定步伐的背后，都深深地蕴含着我们前辈的心血与不易。

“英雄”是这胜利和成功的统一的名称。隆化县北，伊逊河畔，随着一声“为了新中国，冲啊！”爆炸声撼天动地，如约而至，新中国的模样，在爆炸的火焰中，愈加清晰，而董存瑞，却永远地定格在他的十九岁；华灯初上，夜色正浓，虽然对自己的处境心知肚明，但灵巧的双手依旧在群狼环伺的情况下敲动着，为远在千里之外的党送去关键的情报，英雄用匿名绝唱消灭了苟延残喘的敌人，用生命之光照亮了黎明之前的黑暗，李白就像那永不消逝的电波，依旧在21世纪的今天，闪耀在人民的心中。无论是驰骋沙场还是虎穴龙潭，英雄们用鲜血谱写出时代的赞歌，而我们作为新一代的年轻人，作为新一代的接班人，更应继承英雄们不畏牺牲，心系家国的精神，真正地做到内化于心、外化于行、知行合一，如此，才更能在社会主义现代化的建设中发光发热，奉献自我。

“雄赳赳，气昂昂，跨过鸭绿江”，时值深秋，凛冬将至，在条件极端艰苦，环境十分恶劣的情况下，我国志愿军不畏艰险，毅然决然地跨过鸭绿江，奔赴异国的战场。草丛中，面对敌方凝固汽油弹的试探，邱少云岿然不动，任烈火熊熊燃尽一切，不变的是那颗为祖国为人民奉献一切的赤子之心。在上甘岭战役中，面对敌人黑洞洞的枪口，黄继光舍生取义，用血肉之躯堵在了碉堡前，一瞬间年轻的肉体支离破碎，不变的还是那颗为祖国为人民奉献一切的赤子之心。英雄们用一腔热血、七尺身躯和大无畏的牺牲精神，使美帝国主义重新坐回谈判桌前，也让我们祖国的边境线，牢不可破。他们身上的牺牲精神、奉献精神、爱国精神，恰恰是我们青年一代作为中坚力量，决胜两个“一百年”奋斗目标和实现中华民族伟大复兴的制胜利器，正如习总书记曾言：“青年一代不怕苦、不畏难、不惧牺牲，用肩膀扛起如山的责任，展现出青春激昂的风采，展现出中华民族的希望。”

大漠风尘日色昏，忠肝铁胆赤子魂。戈壁滩上、罗布泊里，无数不知姓名的“他们”正日以继夜地实验着，抛家舍业，不问西东。其实，每一个科学家和士兵都清楚，他们的事迹可能无人知晓，他们的生活可能无人问津，但为了祖国的繁荣富强，为了祖国的复兴大计，他们对这份事业甘之如饴。算盘声起，黑板上是一个又一个天文数字；盐碱水中，倒映出一个又一个忙碌的身影。千里运输队蜿蜒不绝，万丈试验塔平地而起。十年鞠躬尽瘁，万人同心协力，蓄势待发惊雷起，横空出世冲九霄，邓稼先、钱学森、彭桓吴、王淦昌……这些名字，将青史留名，百世流芳，永远铭记于世人心间。他们身上不计名利、无私奉献、甘愿为祖国付出毕生心血的爱国主义情怀，永远是指引我们不懈奋斗的北斗七星，永远是照亮我们前进方向的床前明月，永远是激励我们不断前进的不竭动力。

和平与发展已成为时代的主旋律，但在平静的表面下，暗流依旧汹涌，我们作为这个时代的中坚力量，作为这个国家的人才储备，是否更应发愤图强、日新月新？是否更应枕戈待旦、居安思危？是否更应记住英雄们当年的筚路蓝缕、艰辛不易？“人生自信二百年，会当水击三千里”，今日的青年，就如今日的中国；今日的中国，就如同初升的太阳。保持朝气、披荆斩棘，才是我们青年一代应有的写照。吾国万疆以仁爱，千年不变是信仰，回首岁月，还看今朝，就让“英雄”永驻心间，我辈青年奋勇向前！

〔作者系旅游与航空服务学院2020旅游管理（校企合作）专业学生〕

# 成为怎样的青年

王楚萱

最近，《觉醒年代》这部宏大历史题材的剧作在生活中被广泛提起，而且评价极高。是啊，一个又一个有血有肉的英雄儿女真情诚恳地走到了人们眼前，怎能不让人深深折服。《人民日报》对此评价说："你有没有想过，要成为一个怎样的青年，如何度过自己的青春？《觉醒年代》里的他们，给出了最好的回答。"

辛亥革命推翻了两千多年的封建君主专制制度，使得民主共和观念深入人心，但这时中国的问题积重难返。有的还想复辟帝制再当皇帝，有的说倒袁（世凯）建立新国家，列强们也在旁边虎视眈眈垂涎三尺，部分自己人趁乱争权夺利，和封建势力同流合污，也有许多人感到彷徨苦闷。但是，仍有这么一批觉醒的仁人志士，他们给灾难的中国带来了曙光，他们唤醒更多的人为救中国而找出路、走新路。

陈独秀认为要实现真正的民主，必须消灭封建宗法制度和道德规范，他回国办《新青年》（原名《青年杂志》），辨析、选择和验证出一种当代先进的思想理念，作为改造中国青年和改造社会的指导思想，探索出一条振兴中华的道路。他可以半个月足不出户编稿子而浑身长满虱子，他可以把津贴用来贴补杂志，他想救国又想要家庭却总是在忽略家庭。

李大钊，1914 年入日本东京早稻田大学政治本科学习，聪敏勤奋，没有上过预科班但仍不俗于上过预科班的同学。可他却没有完成学业，因为他的心早已飞回到中国的土地上了，他心系中国革命和中国人民，毅然决然地回国投身到新文化运动中去。“南陈北李，相约建党”，成为中国共产党建党史上的一段佳话。

陈独秀长子、次子，陈延年和陈乔年，1919 年，心怀救国之志的两兄弟赴法留学，其间他们接触了马克思主义，回国后选择为革命事业而奋斗。1927 年，陈延年当街被捕，“革命者只能站着死”，他宁死不跪，当场牺牲，年仅二十九岁。1928 年，陈乔年受尽酷刑，宁死不屈，光脚走在血水和泥水里，遍体鳞伤，从容赴死，年仅二十六岁。牺牲前，狱中的战友为陈乔年即将被害而感到难过，他却乐观地说：“让我们的子孙后代享受前人披荆斩棘的幸福吧！”如今，在延年、乔年的老家安徽省会合肥有一条小路叫“延乔路”，路的尽头是“繁华大道”，陈独秀葬在安徽安庆集贤关。延乔路短，集贤路长，他们没能汇合，却都通往了——繁华大道！我们已然享受披荆斩棘换来的幸福，走在通往美好的繁华大道上。

这部剧中出现的人物，我在历史课本中学习过，也背过一些只言片语，这些只言片语概括了一个人甚至是一大部分人的一生，可那些人却为了这些只言片语中闪烁的理想而付出了一生。

离开影视作品回到现实。2021 年 5 月 22 日，是让中国人悲痛的一天。杂交水稻之父袁隆平、肝胆外科之父吴孟超两大院士离世了。他们已然为人民做出了巨大的贡献，却从来没有从自己的岗位上下来过，他们把生命燃烧到最后一刻，永远想的是我还能为人民做什么。

英雄从来都不是前无古人，后无来者，他们的伟大都是承前启后的。袁隆平院士是基于孟德尔的研究，孟德尔基于达尔文的进化论，袁隆平院士的后来者有朱英国院士、谢华安院士、石明松老师以及他们的桃李等无数农学家。前人的发展需要后人的延续，后人的发展更需要前人的基础。

我想，我们都知道要成为怎样的青年了，在热血的年纪里，脚踏实地做勇敢的事，去做那为天地立心、为生民立命的事！

（作者系教师教育学院 2020 级学前教育专接本专业学生）

# 感百年党史，铸时代英魂

徐 璨

英雄就是普通人拥有一颗伟大的心，纵使千帆过尽，历经风雪沧桑，品过世界的残酷，尝遍生活的苦楚，仍能坦然拥抱与热爱这个世界。

“欲知大道，必先为史。”历史充满了光辉璀璨，同时也充满了波折荆棘，一百年的成长壮大，一百年的漫漫征途，这期间不乏无数共产党员前赴后继、奋勇向前；不乏无数仁人志士殚精竭虑，为民族的救亡图存上下求索。直到如今，中国真正的以一个大国的身份屹立于世界民族之林，散发着耀眼的光芒，让所有人为之惊讶，让所有人为之感叹。时代的巨轮滚滚向前，中国用一百年的时间完成了蜕变。从南湖碧波荡漾的小小红船，到浩瀚宇宙中的神舟飞天，中国共产党带领我国人民完成了无数壮举，取得了无数瞩目的成就，在我国的建设和发展历史上留下了弥足珍贵的经验与财富。

恰逢建党一百周年，站在如此特殊的历史交汇点，回望曾经国困民危的峥嵘岁月，只感叹时过境迁，那曾经鲜活的画面仿佛还在眼前，却被涂上了黑白的底色，沦为了时代的墓志铭。但无论岁月怎样沉浮辗转，那些属于无数革命先辈的滚烫爱国热血将永远镌刻在祖国的每寸河山，烙印在每个中国人的心间。在如今河清海晏、时和岁丰的年代，我们必须铭记那段激情动荡的红色岁月，必须铭记为我们打下盛世的红色英魂，他们以血肉之躯，承钢铁之心，以凡人之力，比肩神明，带来了当今的幸福与和平。

忆往昔岁月如歌风雨兼程，望今朝老骥壮心犹存。

从枪林弹雨中穿过，经历无数九死一生战斗的九旬老人张富清将自己的光辉印记永远埋藏在心底，只因穿着一身军装，肩负共产党员的责任和使命，便一往无前投身革命，为党为民。他对自己创下的丰功伟绩只字不提，直至配合退役军人的信息采集，这才暴露了他战斗英雄的“真实身份”。在战争年代，他为国出征，与敌人殊死搏斗，毫无胆怯之心，一腔英勇只为国泰民安；在和平年代，他深藏功名、勤俭节约，处处为国为党考虑，无私奉献。

他将一生奉献给了和平事业，却在和平年代褪去一身戎装，但求耕耘，不问收获。他用行动诠释了什么是“在哪里存在，就在哪里绽放”，什么是“平凡亦不凡，无名亦伟大”。

“山河破碎时，你临危不惜命；山花烂漫时，你隐功不留名。”这位老人让我们看到了真正的革命精神，真正的家国情怀。

感如今山河无恙国富兵强，赞中华热土辈出国民英雄。

2020 年，庚子伊始，一场新冠肺炎疫情阻击战在全国打响，中华儿女团结一心、众志成城。无数的医护人员逆行而上，用自己的血肉之躯筑起阻击病毒的钢铁城墙。在危难关头面前，中国从不缺少勇者，从不缺少大爱与坚强。哪有什么岁月静好，只不过是有人替我们负重前行，如今的我才明白，我们的国泰民安从来不是理所当然，是那一个又一个普通人化平凡于伟大，化腐朽为传奇。他们是和平年代的建设者，是当今时代的国民英雄，是中华民族的脊梁。

吾辈生于盛世中华，自当奋力自强，不负时代，不负韶华。

梁启超言：“纵有千古，横有八荒，前途似海，来日方长。”国有危难，青年自要有担当，生于新时代的我们，享受着革命先烈不敢奢求的和平，接受着最前沿的教育，最应保持进取、坚定的初心使命，脚踏实地砥砺前行，铭记光辉党史，担负时代重任，不负韶华，不骛虚声。

盛世烟火由英雄燃起，累微光以亮万丈。让你我皆做时代英雄，做炬火中更亮的光，传递家国大爱与青春能量！

（作者系数学与计算机科学学院 2018 级应用统计学专业学生）

# 铭记英雄历史，谱写时代新篇

杨博文

新时代、新征程、新气象、新主题，中国共产党自成立以来，始终把为人民服务牢记于心，坚定理想信念，带领人民建设我们美丽的家园。

在这一百年里，我们的民族历经风雨却仍然坚定方向，尽管遭遇挫折却依然顽强屹立不倒。红军长征，是为了保留革命的火种。战士们穿雪山过草地，时时刻刻都在与恶劣的自然环境做着艰难的斗争，但他们靠着顽强的意志力和不惧牺牲的精神，不惜付出一切，以此来换取革命的胜利。长征的胜利改写了中华民族的历史，同时也改变了中国的命运。

中国的命运向何处去？无数仁人志士站在时代的前列。在民国时期，外有列强压迫，内有政府腐朽，中国共产党由此冲出湖面。他们似一团火，以让人惊叹和无法想象的速度迅速生长。几十年前，一行人从上海奔波辗转，带着革命的信念和理想来到嘉兴南湖的这条小船上。他们用青春起誓，以热血酬壮志，只为天下黎民苍生平安无事，只为中国能有一个光明的未来。

如今，南湖仍在，红船依旧。不同的人，不同的身份都会前往那条红船，瞻仰先辈的模样。当参观的人们驻足在此，似乎能够看见当初一群青年为国为人民奋不顾身的模样。一个世纪过去了，这条红船被赋予的不仅仅是党的初生，更是青年人的爱国之情。如今在这个国泰民安的时代，一个又一个平凡的人建言献策，建设祖国；他们带着先辈的热血和期盼，在各自的岗位上坚守初心、砥砺前行，在中华民族的史诗上谱写了一曲又一曲华丽的壮歌。

仰望星辰，每一个和平年代都需要一群伟大的人来负重前行。当日本帝国主义踏入我们的领土，他们前赴后继，以血肉之躯守护这片土地，共赴国难，所向披靡。他们用信念传递着一个又一个力量，面对敌寇入侵，无所畏惧。因为他们知道，中华民族是一头沉睡的雄狮，既是雄狮，醒来之后，便是无人能敌。

记得年幼时的我很不理解为何要“抗美援朝”，不理解抗美援朝的壮举。难道仅仅只是国际地位和影响力吗？在当时以美军为主的“联合国军”攻打朝鲜，至鸭绿江边境，严重威胁到我国的安全，但那时的中国解放战争刚刚结束，积贫积弱。在有些人认为参战损害极大，休养生息才是王道时，毛泽东高瞻远瞩决定抗美援朝。因为抗美援朝，就是保家卫国。若是放任战争恶化下去，朝鲜沦陷，我国四周将群狼环伺，更可能成为另一个战场，那么无数先烈们的牺牲都白费了。烈火焚身仍坚守的邱少云、永载历史的冰雕连……无不在向我们诉说着战争的残酷。每当看到烈士遗骸送回国内的视频时，我都忍不住泪流满面，多年之后他们终于能够回家了，这样繁华的盛世可如你们所愿。

历史是惊人的相似。在 21 世纪的今天，在加勒万河谷地区，当外军越线挑衅时，中国人民解放军同样挺身而出。从新兵到老兵，他们都是卫国者。他们向我们诠释了什么叫作大好山河寸土不让，什么叫作中国人民解放军。脚下站立的地方是我们的领土，哪怕牺牲生命也在所不辞。

忆往昔，看今朝。一路走来，在中国共产党的带领下，中国已经昂首阔步在世界前方，以新的姿态，踏向新的征程。面对病毒请缨上阵，团结一心；面对外敌无所畏惧，积极向前；面对挑衅毫不退缩，成功反击。所有的人，在各自的岗位上守护这片土地。他们都是祖国的英雄，在时代面前，他们把青春献给祖国，响应时代号召。而我们，作为青年人，亦应该“忆往昔峥嵘岁月”进而思其过，追其魂，寻其路，带着青年应有的担当和使命，奋勇向前，为推进祖国的社会主义事业积极奉献，书写别样精彩的人生。

何其有幸，生于中国。始于嘉兴红船的中国共产党，终于化作巨轮乘风破浪，满载中华民族伟大复兴的中国梦和十四亿人民的未来扬帆远航。思及此，终是“萧瑟秋风今又是，换了人间”！

（作者系外国语学院 2020 级英语专业学生）

## 英雄代代传

周亚如

“哪有什么岁月静好，不过是有人为我们负重前行。”千百年来，在历史长河上，总是有人在为了人民、为了百姓默默地奉献着。从古至今，在中国这方热土上，有无数仁人志士，为了民族、为了国家，抛头颅、洒热血，谱写了一首首慷慨悲壮的历史赞歌。

革命年代，无数有志之士为了解放中国的目标奋斗着，他们或弃医从文，发出震撼灵魂的呐喊；或冲锋陷阵，为了民族大义视死如归；或发愤图强，誓助国家挺起脊梁。“巾帼不让须眉”，林心平、江竹筠等革命女战士面对酷刑没有退缩；“少年自有少年狂”，刘胡兰、王二小等烈士一生绚烂；陈延年、陈乔年奋力革命，功勋卓绝。那个年代，文人与战士，党员与人民万众一心。夏明翰，才华横溢，不屈不挠，以诗讽刺敌人，以诗扬己之志，短短的文字，凝聚了他一身的热血情怀，越是悲愤，越是坚强，即使是死，气势也不灭，精神也永存；董存瑞，用血肉充当支架，以身献国，不愧为战士，不愧为共产党员。那个时代，无数英雄铸就历史丰碑。如今我们回头仰望，心中一片热血，心怀感恩。英雄的精神代代相传，每个时代都会有英雄的凛然。

再看如今，面对疫情的一步步逼近，我们能够静坐家中，都是因为有人为我们扛起重担，为我们冲锋陷阵。无论是一线的战士，还是我们身边的志愿者，他们都值得我们敬佩。他们不顾自己的安危，挺身而出，为了几万人的生命安全，为了让光明冲破黑暗，为了希望的到来，坚决离开了自己的家人，奋战在抗疫一线。他们，来自五湖四海，却有着一个共同的目标；他们有着不同的面貌，却有着共同的精神风貌。他们，可以是日日夜夜为着雷神山医院、火神山医院的建设而努力的建筑工人；可以是舍生忘死、与死神争夺生命的白衣天使；也可以是为了运送抗疫物资、日夜兼程的货车司机。他们，都是英雄！

当代的英雄，其实就在我们身边。当我的家乡出现新冠肺炎疫情时，更多的志愿者加入到抗疫的工作中。作为疾控中心副主任的宋明，一直奋斗在第一线，他没日没夜的工作，曾连续四天三夜没有休息，他连夜入户排查，挨家挨户地为村民消毒。公而忘私，高强度的工作，导致他的身体严重透支，口腔溃烂，可他依然坚持。他的家中父亲母亲身体带病，女儿年岁尚小，妻子工作繁忙，可他从未想过放弃；麻喜荣医生是一名私人门诊的外科医生，春节期间，他放弃和家人的团聚，主动请战，参与到当地人民医院疫情防控中，疫情形势逐渐严峻，工作任务越来越重，他没有一句怨言，依旧把全部的热情投入到工作中。他已经不是第一次参与到志愿者工作中了。早在 2003 年的非典时，他就是冲在第一线的人员。这次抗疫工作，不但有冲在前线的英雄，也有守在后方默默奉献的英雄，如一位大学生的捐款让人感动，他就是于建伟。于建伟生活在农村，他的家境并不好，他是靠国家助学贷款上的大学，他大学期间的生活费全部是自己打工赚来的，可当疫情发生时，他选择了将自己的两千元生活费捐给了武汉。两千元对于很多家庭也许并不多，可对于他来说却是他重要的生活保障，同为大学生，我为他感到骄傲。

从古至今，从不缺少英雄。对他们来说我们是陌生人，但他们却是我们的恩人，我们应该记住他们，感恩他们的付出。随着时间的流逝，英雄只会越来越多。每一个人都有可能成为属于那个时代的英雄，我们要相信，无论何时，总会有英雄撑起天地，带给他人一分安乐，谱写出属于那一时代的新辉煌，将那些峥嵘岁月里的历史，镌刻到历史长河中，将我们对于前辈的怀念与敬佩寄托到行动里，英雄会代代相传，我们应当回顾历史、缅怀先烈、展望未来，向英雄致敬，向伟大的祖国致敬。

（作者系商学院 2019 级电子商务专业学生）

## 觉醒年代

白新阳

太阳的落山并不代表黑暗
只要民族之光未灭
被强权压迫并不代表耻辱
只要反抗之力犹存
历史长河中的祖国曾经被肆意侵犯
彼时的中国风雨飘摇、内忧外患
但总有英雄应时而生
犀利的目光直透中国的病灶根源
义无反顾扛起救民救国的大旗
将自己的青春与祖国命运紧紧相连
那是中国最新鲜的血液
是民族的未来
他们前赴后继、坚定前行
用自己的躯骸
筑起觉醒的年代

那是一个觉醒的年代
能出力的出力，能发声的发声
燃烧的理想迸发出耀眼的光亮
挥笔即刀枪，救国于危亡

在泥泞的废墟里誓要绽放革命之花
在陈旧的老路上开辟出崭新的路途
五四精神更绽放夺目的光芒
镣铐锁不住前进的脚步
子弹穿不透民族的脊梁
为科学、为民主
为一切可拯救中国的崭新事物
纵使鲜血染襟、遍体鳞伤
亦无惧死亡
他们坚定地站在历史的深处凝眸回首
穿过风雨，笑容如光

这是一个觉醒的年代
我们理当一往无前
无愧于前人披荆斩棘的奋斗
接民族复兴之伟业于己肩
要做熠熠生辉的红日
做高悬长夜的月亮
是永不休止的风
是波涛澎湃的汪洋
我辈初心不忘
风鹏正举，青春飞扬
誓以忠诚之肝胆
护祖国山河无恙

（作者系教师教育学院2018级学前教育专业学生）

## 雕像之铸，英雄不朽

常玉妍

在辽远的巨龙东部，有这样一个地方，这是秦皇求仙入海处，这是天下第一关。在这里，曾有一段广为流传的佳话：长城抗战第一枪。

我那时刚上小学。

在风景优美的莲花湖公园中，盛开着叶连成片的莲花，风一吹，莲花瓣随风摇曳，莲叶在池水中相互碰撞，散发出一片夏日的清香。

在这样一片莲花香中，我看到了那座雕像。

那是一座立体铜塑，难计其数的燕赵儿女扛着枪、扬着手，目光炯炯、视死如归。有挥舞着砍刀以身殉国的谁谁的父亲，有抱着炸药箱奔赴战场的谁谁的丈夫，也有高扬起红旗不惧炮火的谁谁的儿子。在那已经被岁月磨砺发青的雕像中，我似乎还能听到那清脆嘹亮的号角声，听到那无休无止的炮火声，闻到那和着鲜血和泥土的硝烟气息。

我之前曾想，他们是害怕的，面对那时人人自危国家沦陷的局面，谁人能不惧？谁人能不怕？

然而这座雕像之所以让我能从小学一直记到现在，是因为他们的不怕。

他们握紧枪杆、抓紧刀柄，一往无前、义无反顾。他们用自身的血肉铺就了一条通向平安的道路。他们克服了人生来就带有的避险避难性，他们用英勇就义的鲜血写下了大义凛然的、会永远被镌刻在青史上的精神——他们不惧、他们不怕。

是以，我今日再次望向那座雕像时，我不可抑制地热泪盈眶了。

儿时总是不懂得死亡的重量，成长至如今，方才理解他们重于泰山的牺牲背后，承载着整个中国的前行。

《周易·系辞下》有言：“君子安而不忘危，存而不忘亡，治而不忘乱，是以身安而国家可保也。”我想，学党史便是这样一个安不忘危，存不忘亡的过程。

我们所要学习的不仅是那一行行被写在纸上印在书里的白纸黑字，更是这样一本存在于生活中、却又被忽略在生活中的无字之书。

幼时，我常常疑惑，是什么样的精神支撑着我们党、我们国家不灰心不放弃，坚强度过了那段最危险的时候呢？

现在，回顾过长城抗战第一枪后的我明白了，支撑我们走过最艰难的那段道路的，是“一寸山河一寸血，十万青年十万兵”的匹夫有责，是“忠祠碧血千秋在，暗淡苍穹百万星”的义无反顾，是川军团三百五十多万人出川，六十四万余人战死的视死如归，更是山海关中那独立第九旅626团的全体将士们守家护国时打响的抗战第一枪，是无数中华儿女，他们甘于用他们的血肉，筑起了我们中国面对强敌时一道新的长城！

现在的我终于明白了，雕像的镌刻下，英雄的精神不朽！英雄的血脉不屈！英雄的风骨不散！

我们中华儿女，在党史的学习中，在对历史的回顾中，在生生不息的传承中，永远跟随着英雄的步伐，继承着英雄们坚挺的脊梁！而这，便是我们中国打不倒、击不垮、拆不散的力量！

匆匆数载如水如梭，那座雕像也许会随着岁月风化而生锈，但那份热血、那份感动、那颗炽热的心，不会被历史所掩埋，前辈用生命换来的和平，我们会永远珍惜；前辈用牺牲写下的历史，我们将永远铭记！

（作者系文学与传媒学院2020级汉语言文学专业学生）

# 学史力行，致敬英雄

刘鑫淼

发愤图强，成才不负青云志；

继往开来，报国常怀赤子心。

自 1921 年建党至今，百年岁月峥嵘。中国共产党坚持为人民服务，历久弥新、勇往直前。百年征程波澜壮阔，百年初心刻骨铭记，百年英雄代代弥坚！“英雄”是党史的符号，百年党史，是忆往昔英雄折腰的伤感，还是知其不可而为之的勇气。

出国留学悟真理，马列主义真经取；

拯救中华水火深，妙手文章担道义。

穿越历史烟云的血与火，一批批血气方刚的有志青年奔赴心中的理想。当年东方的巨龙还在沉睡，糜烂腐败的朝廷仍在消亡。他，他们，为中华民族前途深感忧虑。梁启超奔走疾呼：“少年智则国智，少年富则国富，少年强则国强……”在多年后仍迷醉的乱世，李大钊将马克思主义传到中国，1920 年 3 月，李大钊发起组织北京大学马克思学说研究会。同年秋，他领导建立北京的共产党早期组织和社会主义青年团，并积极推动建立全国范围的共产党组织，对中国共产党的创建做出了贡献。在中国共产党领导下，一大批青年舍生取义、前仆后继，意志坚定、艰苦奋斗、随时准备为国捐躯。

伟人豪气贯长虹，为国牺牲留英名；

中华革命斗争史，万里长空星耀明。

从慷慨就义的夏明翰，到舍己救人的张思德；从留下《可爱的中国》动人篇章的方志敏，到饮弹洒血、慷慨就义的瞿秋白；从“生的伟大、死的光荣”的刘胡兰，到舍身炸碉堡的董存瑞；从绿了荒山而白了头发，老骥伏枥仍意气风发的杨善洲，到一辈子坚守初心、不改本色，用朴实纯粹、淡泊名利书写精彩人生的老英雄张富清……他们都是中华民族的英雄，正是他们无私奉献于党、于人民，才在灰烬中迸发出一簇簇撕裂黑暗的希望的幼苗。

乘四化春风，兴千秋伟业；

绘九州美景，继万里长征。

2020年，从寒冬到春天，多少人披上白衣战服涌入疫区。“00后”刘家怡是广东援鄂医疗队年龄最小的护士，她说：“穿上防护服，我就不是个孩子了。”少年永不逊色，心系国家与未来！钟南山院士坚定地说：“武汉是能够过关的，武汉本来就是一个英雄的城市！”最美逆行者们的战书上写着“不计生命，不计薪酬，若有战，召必回，战必胜”。中国企业家们高呼：“国家缺少什么，我们就生产什么，国家需要什么，我们就送什么！”“守望相助，共克时艰。”为了让更多人见到春天，有些人把自己化成了春天。他们将自己埋在深冬，将我们推向暖阳。日夜不寐，为家国舍生忘死，而这一切的疲惫，唯盼山河无恙！

江山思国士，人去稻田丰；

禾下乘凉梦，不悔是初心。

袁隆平院士，在田间泥地、在试验稻田，心怀春日的煦风、头顶夏天的烈阳、脚踏秋天的泥泞、身挺冬天的风雪，迎来明日的朝阳。侠之大者，国之仁士，英雄让我们站起来说话，袁老让我们吃饱饭。“除了爸妈和袁老，没人有资格说我胖了！”这是戏言，也是杂交水稻的盖世之功——拯救无数饥饿的家庭。国士无双，山河同泣，高山仰止，音容犹在，袁老千古。

艳丽青春壮美色，广阔天地放英华；

鸿鹄起誓就大业，千秋万载满华夏。

抛头颅、洒热血的烈士已经安息，疫情最危难的时刻已经过去。当代新青年的我们生在红旗下，长在春风里，目光所至皆为华夏，五星闪耀皆为信仰，将志愿者精神印在心头，拿着书也随时准备着奔向各方战场！建国创业的伟人们逐步退出了中华舞台，历史不会忘记，伤痛不会忘记，青年人站起来吧！我们希望世界和平，我们希望国家富强，我们希望如当日的英雄般，成为今日中国的砥柱！盛世若负所愿，百身何赎；生在盛世，定不负盛世！

中国共产党带领中国人民走到了如今的繁荣昌盛，这是无数英雄模范秉持初心，披荆斩棘，破浪前行的献身。星光不问赶路人，时光不负追梦人。我们追念那激情燃烧的岁月，我们敬佩高度使命担当的英雄。忆党史艰辛，敬英雄伟岸，学史力行，向英雄致敬！

（作者系生物与食品科学学院 2019 级生物科学专业学生）

# 我心之诚，报之以坚

刘梦洁

一身为白衣，一责肩上扛，白衣天使们用双手救起百姓。科学是助手，汗水是见证，人民是感恩，而他们心中久久有一个声音：这是我应该做的。

面对突如其来的新冠肺炎疫情时，我看到了冲于前、战为国、生为民的场景，了解了救死扶伤不求回报的一群人，那就是我们的白衣天使们，我们的抗疫英雄。

“须眉未老，挂帅出征”，钟南山院士毫不犹豫地走上抗击新冠肺炎疫情之路！他给了人民群众最大的安全感，给了世界一个中国的答复；张定宇医生，在身患绝症，在生命倒计时之际，仍然战斗在疫情的第一线，他曾回答说：“穿上白大褂，我们就有冲锋在前的责任和义务。”这一言感动了多少中国人民。王启平医生得知医务人员需要支援湖北时，他第一个报了名，在家人正需要他的守护和陪伴时，他最先考虑的却不是父母和妻儿，而是他为国抗疫的决心。他说会以自身的坚守与担当，获取家人的支持与信心。“苟利国家生死以，岂因祸福避趋之，我申请去隔离病房，共赴国难，听从组织安排！”这是黄文军医生请战书中的一句话，他一直奋斗在抗击疫情的一线，挽救他人的生命，还有李兰娟院士、陈薇、张继先、王辰、张思兵、王行环等在疫情中奉献的人，我要深深地记在心里。

还记得网上发布的请战书上英雄们的姓名和一行行鲜红的手印，这些名字的背后，是他们的坚定与为抗击疫情做的准备。浸透汗水的衣物、布满勒痕的脸颊、沉重行走的步伐，他们用话语抚慰不幸者的悲切，用背影守护黎明的万家灯火，用行动告诉世界，中国人民是不惧不怕，敢于斗争的，中国是敢于负责，守卫世界的。他们无论什么样子都是我们心里最美的样子。他们，都是最勇敢的人，是国之英雄，是世界的英雄。

曾看到白岩松先生说过这样一句话：医生具有生命价值、社会抚慰价值、情绪价值、信心价值、科普价值，看病治疗的过程就是接受医生价值创造的过程。他们不论春夏秋冬、老弱病残，无论严寒酷暑、艰苦环境都会用职业的操守、心中的赤诚、专业的能力与疾病对抗，保患者健康，他们用一身躯、一双手，挽救了众多濒临绝境的生命，拉回了一颗颗走向死亡的心。

白衣天使，我想说："你们是我佩服的人，是我感恩的人，是我致敬的人，你们是我的英雄，也是人民和国家的英雄。你们勇敢，能以势如破竹的行动抵抗危机、攻克难关；你们忠诚，拥有医德、遵守宗旨，不辱国家的使命。你们的事迹永垂不朽，你们的名字会被永远铭记于心中，而我会用自己的行动向你们展示我的坚守和担当，像你们学习。"

2021年的春季如期到来，希望这阵阵清风能带着我的问候，寄托我对在疫情中牺牲的抗疫英雄的无限怀念；愿滴滴细雨带着敬意，展示我对每一位抗疫英雄的无限缅怀。我们将倍加珍惜再次绽放的樱花、晴朗的蓝天、车水马龙的街道。

我心之诚，报之以坚。烈士英灵未曾远去，我们将秉承遗志，以奋斗不息的精神，让青春闪耀，以不断努力学习、提升能力的行动，向党靠拢、向国靠拢，献智献力，勇冲于前，承载属于我们的那一份任务与担当，让我们一起捍卫英雄，学习英雄，致敬英雄，守护他们，守护初心！

（作者系历史文化学院2019级文化产业管理专业学生）

# 遍地开满向阳花

吕乐桐

当镌刻着红色记忆的土地开满鲜花，当滚滚硝烟的战场筑起广厦，我们的祖国在新时代中国特色社会主义道路上迈向富强，伟大的中华民族用奋斗与无畏书写华丽篇章。在全国上下开展党史学习教育活动之际，我常常做一些美妙的梦：梦见自己是一朵向日葵，在党的阳光照耀下茁壮成长。

“红日初升，其道大光。河出伏流，一泻汪洋。”一个国家由千千万万个家庭组成，一个民族需要凝结千千万万民众的力量。一个有前途的国家不能没有先锋，一个有希望的民族不能没有英雄，正是无数先烈前赴后继，用不竭的血汗之源浇灌强盛之花，正是辈出的英雄响应号召，用坚强的生命之力焕发党的百年荣光。

童年时代，我常听爸爸妈妈讲“闪闪的红星”“英雄王二小”“渡江侦察记”“飞夺泸定桥”“三大战役”“抗美援朝”等扣人心弦、惊心动魄的故事，这些故事记录了一个个闪亮的名字，记录了无数共产党人以磅礴之势，赶走了侵华敌寇，换来了祖国的和平与发展的壮举。

建设时期，一声呐喊：“让我来！”杜富国竖起为人民敢于牺牲的旗帜，千千万万个英雄书写华夏复兴之路，实践锻造为民情怀，使命担当责任在肩，神舟飞天、嫦娥奔月、北斗遨苍穹、港珠澳跨海……震撼了世界，充分展现了团结拼搏的中国力量。

关键时刻，为了打赢防疫保卫战，作为公安干警，达娃仓决雷厉风行果敢坚强，在疫情防控一线上默默贡献着自己的力量；作为退役军人，周光京大年初一刚到老家就接到返岗通知，当天出发“逆行”奔袭一千两百公里，按时抵达雷神山医院的建设现场；作为火神山医院安装项目部总工程师，金晖白天协调现场生产，晚上沟通设计方案，连续十天奋战；作为雷神山医院的建筑工人，钟巍巍等四万建设者靠钢铁般的意志和顽强的决心，仅用十天建成两座医院、新增两千六百个床位，只为筑建希望的曙光。

历史感召团结，时代呼唤勤劳，作为新时代的大学生，我时常思考“我能为祖国和人民做些什么”通过党史教育的学习活动，我们从英雄先烈和先进模范的事迹中汲取无限的力量，继承敢于牺牲、勇于奉献的爱国精神之精髓，领悟为人民服务的真谛！为党和人民不断奋斗，是我们青年一代的忠诚、责任、胆魄和担当。

《乐记》:“声音之道，与政通矣。”在中华民族源远流长的历史长河中，流淌着的永远是歌颂英豪的动人歌曲，震人心魂、动人心魄。我国经济实力不断提高，社会治理越发和谐，国际地位日渐攀升……，不同的时代、相同的血脉，在党的光辉照耀下，我们就是一朵朵含苞待放的向阳花，我心向党，竞相开放。

（作者系文学与传媒学院2019级汉语言文学专业学生）

# 凭栏遥思，悟史知今

夏海鹏

傍晚时分，我独自提酒踏过草坪，登上操场的高台。斜阳欲燃，微风弄柳，红光侵袭着远方的高山，天空也被夕阳染成了血红色。我一个人坐在晚风中，启杯贪饮，醉意渐至。于是我起身倚靠在栏杆上，闭上眼，任凭那万千思绪随意飘散。

混沌之中，雨声渐响，滂沱的大雨打湿了我的衣裳。我睁开眼，发现我站在桥头旁，而我身边，有着无数的红军战士持枪从我的身旁穿过。他们激昂着，他们呐喊着。桥的对面枪炮轰鸣，呼啸的子弹流星般袭来，长蛇舔血、火龙肆虐。泥土与血水混杂着打在每一个红军战士的脸上和身上，但他们仿佛感觉不到疼痛似的，仍然向着对面枪火处发起冲锋。有的战士抱着木板，一点一点地匍匐前进，将木板放置在震荡的铁锁上；有的战士死死着抓住断裂的铁链，重新接连起这通往胜利的桥，以血肉躯抵千斤锁；甚至有的战士用自己的血肉之躯为身后的同志们筑起拦挡枪弹的肉墙，让更多的战友冲向胜利。我仿佛被这种气氛感染了一样，大喊一声便随战士们一起向桥的对面冲去。突然面前焰火四起，是敌人放火烧桥！桥体一震，我没站稳，不慎从桥上落下。我仿佛听到桥上有人高喊："同志们！为了党的事业，为了最后的胜利，我们一定要把泸定桥夺下！冲啊！"我露出了笑容，便坠入了滚滚大浪中。

我不知道你们每一个人的名字，你们也不知道我是谁。但我们都是为了一个共同的目标而来，我只是你们之中普通的一员，但我们都会被全国人民所铭记吧。滚滚的浪涛把我卷入，江水迷茫了我的眼，从我的嘴巴和鼻子里灌入，我感到了一种前所未有的窒息感。我死不足惜，唯愿事业成……

时间过了很久，我感觉我的身体也在水中下沉了很久很久。我在一片寂静中睁开眼睛，瞬间被震撼到了。在我的眼前出现了一艘巨型的核潜艇。舰体上印着鲜红的中国国旗！我怀着无比惊喜自豪的心情向这艘核潜艇游过去，就在这时，天地突然翻滚，天旋地转过后，场景变换。在我面前出现了一个中年男人。他是谁？从哪里来？为什么会出现在这艘核潜艇上？我带着这些疑问走向他。等走近他时，我所有的疑问便都解开了。“您就是黄旭华院士？”他对我笑了笑。我继续说道：“您这是在进行核潜艇下水的实验吗？”“是的，我们所有的设备材料没有一个是进口的，都是我们自己造的。开展极限深潜试验，并没有绝对的安全保证。我总担心还有哪些疏忽的地方。为了稳定大家的情绪，我决定和大家一起深潜。”听他说完这段话，我突然泪目。在核潜艇极限深潜试验中，是黄旭华院士亲自上艇参与试验，成为当时世界上核潜艇总设计师亲自下水做深潜试验的第一人！“从一开始参与研制核潜艇，我就知道这将是一辈子的事业了。”他又说道。我立马向他深鞠了一躬。感谢有您！隐“功”埋名三十载，终身报国不言悔！正因为有你们这些埋名英雄们。中国才会更加强大！

当我再起身抬起头的时候，核潜艇不见了，黄旭华院士也不见了，我所在的地方已经不是茫茫的深海，而是坐在了高铁的餐车上。这是一辆开往武汉的高铁，我环顾四周，最终目光停留在一位老人的身上。他依靠在座位上，眉头紧皱，仿佛在思考什么事情。忽然他睁开了眼睛，说了一句：“我想到了”，便开始在电脑上码字。我轻轻来到他的身后，看到他在电脑上写的是对新冠肺炎疫情形势的最新研判的内容。我闭上眼睛抬起头叹了一口气。庚子年初，新冠肺炎疫情牵动着全国人民的心，无数的医护人员，志愿者们驰援武汉。而在我面前的这位八十多岁的老人正是为了全国人民鞠躬尽瘁的钟南山院士。为了人民的大义，始终坚持在抗疫前线……你们是国家的英雄，是人民的英雄！我想起钟老曾经说过的一句话：“让我去武汉，是国家对我的信任！”

我长舒了一口气，揉了揉太阳穴，醉意已过，我该回去了。此时清风徐来，月影幽幽。一路上，我看见有的同学在操场上跑步，有的同学在享受爱情的甜蜜，也有许许多多的同学在食堂门口跳着健身操……我们的生活如此安好，正是那些无数的英雄先辈们为我们负重前行。

我将月光取下一片，揉碎了放入杯中，敬那无数的英雄先辈，以及这月光长明，岁月安好的时代。

（作者系文学与传媒学院 2019 级汉语言文学专业学生）

## 我们的五四，我们的青春

王雨洁

五四运动已经过去一百多年，这是一场由大学生组织起来的爱国运动，他们的勇敢与坚强和为胜利而奋斗的精神值得我们学习。现在的我们同样也是大学生，和他们比起来我们有太多的不足，缺少像他们一样的精神，我们新时代的青年要向他们学习。其实，只要我们去多观察，就会发现自己身边的许多人和许多事都值得我们学习。

在我身边有一位国防生哥哥，我对他的了解并不多，他和我的年龄最多也就差一两岁，但是我知道他比我成熟很多，他的那种责任感是我无法比及的。

前些日子，他去当巡考的考官，参加完这次的活动他写了这样一段话：巡考五天，接触了数百名出生于“90后”“00后”的义务兵和年轻士官。印象最深的是一个北海陆战旅的第二年兵，他递给我士兵证的那双手像树根一样粗糙，黑、皱、干、疤痕无数。我打开士兵证一看，1999年！我抬头又看了看他那张脸，比士兵证上的照片黑了不少。我问他：“你一个月拿多少钱？”他说：“一千一百五十元。”我在成绩单上写了一个满分，他两眼一挤，粗糙的脸上又多了几道皱纹，笑着说，谢谢领导。我看了看自己的手，说：“别叫我领导。”心里说了后半句：“我不配。”致敬基层士兵吧，他们才是真正的奉献青春。

看了这段话不知道你们有什么感想，我被深深地触动了，觉得自己和他们比起来什么都不是，坐在教室没有风吹，没有日晒，没有雨淋的我们有什么理由不好好学习。趁着我们正青春，该奋斗就得奋斗，该努力就得努力。

2021 年 3 月 30 日四川省凉山州发生的森林火灾夺走了三十条鲜活的生命，其中包括二十七名消防队员和三名地方干部群众。牺牲的消防队员平均年龄二十三岁，他们中最年长的也仅有三十八岁，最年轻的比我们还要小，仅仅十八岁！

事发之后，各媒体和各平台都是对他们的追思与悼念，所有人都在感叹生命的脆弱，歌颂他们的伟大。他们之中，有些人的青春才刚刚开始却已凋谢，为祖国奉献了宝贵的生命。

大家印象最深的大概就是十八岁的王佛军，他生前的最后一条朋友圈就是救火时发的，他说："来，赌命。"谁都没有想到，这竟成了他留给世界的最后一句话。从消防员的朋友圈中，我们看到了他们的乐观与坚强，责任与勇气。他们之所以为英雄，并不是因为他们在大火中牺牲了生命，而是因为他们对待每一场火灾都是这么的认真负责。

"哪有什么岁月静好，只是有人为你负重前行"。是他们的平凡与伟大为一个个灾难画上了句号，是他们的牺牲换来了我们这个宁静的时代。一代人有着一代人的使命，我们没有他们的伟大，但是我们需要有他们的精神。无论我们的职业与年龄，我们都应该做好现在，让自己无怨无悔！

一个一个鲜活的英雄，一件一件英勇的事迹，有哪个是不值得我们去学习的？他们的青春是那样的精彩，而我们呢？一阵沉思过后，我想我们是不是应该向他们学习，抓住时间，把握当下。我们能有现在这个条件坐在教室里学习，都是先辈们用生命给我们换来的，我们有什么理由不好好学习，报效祖国？只要你有那颗爱国的心和为祖国奉献的决心，那就行动起来，从努力学习做起吧！

〔作者系旅游与航空服务学院 2018 级旅游管理（校企合作）专业学生〕

# 山花烂漫，浪遏飞舟

张依铭

天若有情天亦老，人间正道是沧桑。自今天蓦然回首，距离那艘在嘉兴泛舟游湖的红船，已然过去了百年时光。遥想当年，中国共产党临危受命，挽救国家民族于倾覆之际，存亡之中。在以日本侵略者为首的帝国主义铁骑的侵略下，我国儿郎，不贪生，不惧死，建立抗日敌后根据地，积极抗日，以生命、以鲜血，谱写了一首首解放与独立之歌。

新中国成立之后，我国虽无战乱时毅然为国家献身的轰轰烈烈，但是英雄依然在我们的身边。他们是应党号召的扶贫“战士”，是汶川地震抢险救灾的解放军，是镇守边疆的战士，是在各个岗位兢兢业业的党员同志，更是在新冠肺炎疫情防控阻击战中的第一线工作者。

在新冠肺炎疫情发生之前，谁都不知道会有这么大的一场病毒灾难席卷中国乃至全世界。在疫情开始发生的时候，我国迅速成立研究小组。八十四岁的钟南山院士临危受命，亲临武汉。他本该含饴弄孙、颐养天年，却依然拼搏在抗疫第一线。其实，不只是钟院士，为我们付出的还有广大抗疫的党员同志和医护工作者，他们逆流而上，暂时抛下了父亲、母亲、孩子的身份，作为一个解救人民生命的英雄阻挡在疫情面前。他们穿着厚重的防护服，日以继夜的工作，脸上的勒痕是他们的勋章，额头的汗水是他们的冕冠，他们用生命诠释了什么是“岂曰无衣，与子同袍”。

我一直坚信祖国是一个强大的国家，这种强大不仅是中华民族拥有几千年未曾断绝传承的文化自信，不仅是世界强大国度的实力自信，而是那些曾惊艳过时代的英雄们。他们的身影出现在国家强盛之时，也出现在国家危难之际。中国共产党创立的宗旨和原则是为人民服务，对人民负责，他们这么说了，也是这么做的。他们用自己的行动向世界展示了时代英雄的模样。

待到山花烂漫时，她在丛中笑。让我们一起致敬祖国，致敬中国共产党，致敬人民英雄。

（作者系文学与传媒学院 2018 级汉语言文学专业学生）

## 青山埋忠骨，山河念英魂

李　姣

“我宣誓，我志愿成为中华人民共和国人民警察……”

和平年代，公安队伍是牺牲最多，奉献最大的群体。

在2020年抗击新冠肺炎疫情和维护社会安全稳定的工作中，全国公安机关共有三百一十五名民警、一百六十五名辅警因公牺牲，四千九百四十一名民警、三千八百八十六名辅警因公负伤。

当我们跨步走向2021年的春天时，却忘记了有四百八十个鲜活的生命，永远留在了2020年。

他们不一定高大健壮，也不一定满身盔甲，他们和平常人一样也是血肉之躯。可就是这血肉之躯一次次为人们挡住了黑暗，让人们可以感叹一句：“社会太平。”

痛吗？当然痛。他们也会流血，也会死亡，可他们义无反顾。因为那是他们的信仰，是他们穷其一生追求的光。

痛吗？当然痛。痛的不仅是受伤的他们，还有他们的父母、妻子、丈夫、孩子以及他们的同事和战友。他们也是父母疼爱的孩子，是妻子敬爱的丈夫，是孩子需要依靠的父亲和母亲，是战友在危难抉择时寻找的方向……他们只是一个普通人罢了。

没有人生来便是英雄，他们也只是为了脚下的这片土地，为了曾经的誓言，为了自己的追求挺身而出。他们要的从来不是他人的夸赞，而是稳定的治安，繁荣的祖国。

又是一年春暖花开。可有人却再也看不到这土地上幼苗破土而出，柳树抽出嫩芽，流水解冻，鸟雀欢鸣了。

这个春天，我听见他的妻子说："我想你。"他的战友说："你醒醒，你的家人还在等你。"他的孩子说："你回来吧，我会听话的。"我看见他为了保护战友站在枪林弹雨中，我看见他为保护群众用胸膛挡住破空而来的刺刀，我看见他倒在办公室里，倒在楼梯上，倒在追捕逃犯的路上。我看见他这一倒下就再也没站起来。

我想，他们只是太困了，也太累了，需要躺下好好休息一会儿。只是这时间太久，太长，让每一个关心挂念着他们的人忍不住流泪。

一寸山河一寸血。这片黄土地上，从古至今，已经不知浸染了多少人的血，更不知这其中有多少是为人民牺牲的警察。

中国警察，站着，是一面旗帜；倒下，是一座丰碑！

他们真正践行了把清澈的爱留给祖国，用青春护佑盛世之中华。

我看见，无数的人记住了他们，他们的战友擦干眼泪，奔向了他们未完成的事业；我看见他们的孩子擦干眼泪，成为他们。他们的名字刻在了石碑上，也刻在了每个人的心里。

一代又一代公安人倒在了为国治安的道路上，一代又一代人穿上警服，学着前辈的样子，将热血献给这片土地。

云层低垂，苍穹广袤，风穿过苍凉宏大的尘世，呼啸着奔向远方。远方的风穿过巍峨的墓碑，穿过碑旁的苍劲松柏，点点花丛，带着英雄最后的牵挂，吹向太平世间。

愿生活在和平年代的我们，能够仰望着他们的英灵，追寻着他们的脚步，缅怀逝去的英雄。

愿我们的国土与家乡在烈日苍穹下安康。

（作者系文学与传媒学院2019级汉语言文学专业学生）

# 传承英雄精神，铸就中华国魂

赵蓬勃

英雄者，国之干，族之魂。“崇尚英雄才会产生英雄，争做英雄才能英雄辈出。党和国家历来高度重视对英雄模范的表彰。今天我们以最高规格褒奖英雄模范，就是要弘扬他们身上展现的忠诚、执着、办实的鲜明品格。”2019 年 9 月 29 日，习近平总书记在国家勋章和国家荣誉称号颁授仪式上讲的这句话可谓是掷地有声。英雄百折不挠、顽强拼搏、无私奉献的精神，激励着一代代中华儿女砥砺奋进。头顶正义、肩扛民族、手托国家是英雄永恒的担当。敬仰英雄、学习英雄是实现“两个一百年”奋斗目标、实现中华民族伟大复兴的中国梦的磅礴力量。

英雄精神熠熠生辉，铸就中华民族精神国魂。“一个有希望的民族不能没有英雄，一个有前途的国家不能没有先锋。”新中国是无数革命先烈用鲜血和生命铸就的。中国近代史，是一部落后挨打的悲惨史，却也是一部中华民族抵御外侮、实现民族独立的伟大斗争史。杨靖宇、彭雪枫、张自忠、戴安澜等英雄将领战斗到最后一刻，“为国家民族死之决心，海不清，石不烂，决不半点改变”，八路军“狼牙山五壮士”、东北抗联八位女战士“没有命令，死也不退”，新四军“刘老庄连”八十二名官兵血战到底，全部壮烈殉国……

“每思祖国金汤固，便忆英雄铁甲寒。”据不完全统计，约两千万名烈士曾为新中国的成立英勇牺牲，他们把民族大义、国家富强和人民幸福高举过头顶，历史不会忘记他们，在中华民族最危险的时候，他们抛头颅、洒热血，以“天下兴亡，匹夫有责”的爱国情怀，视死如归的民族气节，顽强不屈的英雄气概，百炼成钢的必胜信念，书写了铁骨铮铮的英雄史诗，奏响了同仇敌忾的英雄凯歌，铸就了气壮山河的英雄精神。我们要珍惜这份来之不易、鲜血铸就的和平生活，更要纪念当年为维护人类自由、正义、和平而牺牲的英灵，传承英雄精神，铸就中华民族和平之魂。

英雄精神熠熠生辉，撑起中华民族精神脊梁。伟大出自平凡，英雄来自人民。英雄并非一个抽象名词，也非遥不可及。平凡英雄们不仅为我们创造了美好生活，更以其胸怀品格构成民族精神的筋骨，激励我们向着未来奋勇前行。诚如在全国抗击新冠肺炎疫情表彰大会上，习近平总书记所言："世上没有从天而降的英雄，只有挺身而出的凡人。"这在抗疫期间得到了生动的诠释。新冠肺炎疫情发生以来，各级党组织和广大党员干部发扬英雄精神，争当群防群控的"急先锋"、亲力亲为的"带头人"、真情实意的"守护者"。武汉这座城市的人民识大体、顾大局、自觉配合疫情防控，科研工作者在实验室内与时间赛跑、同病毒斗争，建设者们以中国速度创造出雷神山医院和火神山医院建设的奇迹，志愿者们自觉发挥自身力量，努力协助疫情防控……

"薪火相传终有继，江山更待新宇开。"在不同的领域中、不同的战线上，那些为孩子成长保驾护航的平凡教师们，那些固守一隅、默默钻研数十年的科技人员们，那些奋战在抗疫一线、累倒在手术台旁的医护人员们，那些坚守在脱贫攻坚第一线的基层干部们，他们虽是平凡之人，却能通过自身努力奋斗出不平凡的事迹，他们所展现出的正是昂扬的英雄身姿！只要有坚定的信念、不懈的奋斗精神，脚踏实地地把每一件平凡的事做好，一切平凡的人都可以获得不平凡的人生，一切平凡的工作都可以创造不平凡的成就。

英雄精神熠熠生辉，托起中华民族精神高塔。"中华民族是崇尚英雄、成就英雄、英雄辈出的民族，和平年代同样需要英雄情怀"。在十七年前，钟南山教授领军抗击非典；十七年后，八十四岁的他再次临危受命，出任国家卫健委高级别专家组组长。八十四岁高龄的钟南山，以医之手托举国家的未来。北京医院援鄂抗疫医疗队的"一老一少"都是巾帼女将，六十一岁的孙铁英和二十三岁的鲁寒以家国情，赤子心诠释了医者的热血担当。在疫情初期，因防护不足，许多医护人员牺牲了：新冠肺炎疫情的“吹哨人”李文亮医生、连续工作十八天的徐辉医生、医学专家林正斌教授、基层医务工作者宋英杰医生、基层护士柳帆……

那些“最美逆行者”们，头上是为了更好穿戴防护服而剪短的头发，脸上是日夜不眠不休一直戴着口罩勒出的伤痕，身上是防护服包裹下被汗水浸湿的衣衫，白衣天使们疲惫忙碌却温暖人心的身影不仅给病患带来生的希望，还守护了人民的生命健康，他们拥有英雄精神的永恒担当。我们应感恩铭记，传承英雄精神，铸就中华民族奉献之魂。

天地英雄气，千秋尚凛然。英雄是时代的辉煌、历史的记忆，英雄是国家的荣耀、民族的偶像。无论是浴血奋战的革命战士，还是和平时代的“最美逆行者”，他们始终以无畏前行、无私奉献的姿态，守护着中华民族的和平安定，守护着人民群众的幸福生活，守护着中国的繁荣和发展。在通向中华民族伟大复兴的征途上，英雄人物永远是激励我们砥砺前行的精神坐标，英雄精神永远是照亮中华民族复兴之路的时代火炬。我们将永远铭记英雄们的不朽功勋，传承英雄精神，铸就中华国魂！

（作者系文学与传媒学院2018级汉语言文学专业学生）

# 翻开历史书卷，呼吸英雄气息

陈 倩

“为什么战旗美如画？英雄的鲜血染红了它。”

我不知道有多少人跟我一样，进入大三下学期，在学生身份上又叠加了“考研人”这个称号。在考研参考书目中，《中国新闻传播史》《外国新闻史》这两本书可真是让我爱而不得，恨而不舍啊！爱它，是因为他们的题目占据试卷绝大部分；恨它，是真的很难很难背啊！我翻看第一遍的时候，用枯燥乏味形容它可好？

可它真的是这样吗？

静下心来，重新打开《新闻史》这本厚厚的书，从“以犀利之笔力主正义舆论的邹韬奋”到“致力于改良思想的梁启超”，从“领导五四运动的陈独秀”到“铁肩辣手，快笔如刀的邵飘萍”，从“先生一支笔，胜过十万毛瑟枪的于右任”到“新闻学界最初的开山祖徐宝璜”……你就会发现，中华民族向来崇尚英雄，也盛产英雄。

在我的家乡邢台市临西县，我们经常提到一个词叫“玉兰精神”，我们有一个吕玉兰纪念馆。其实，这些都是为了纪念在社会主义建设的热潮中逐步由一个普通的农村姑娘成长为闻名全国的劳动模范和省委副书记——吕玉兰。1955 年 7 月，十五岁的吕玉兰高中毕业后，坚决积极响应党和政府提出的“知识青年回乡务农”的号召，回到了自己的家乡参加生产劳动。她十六岁时成为新中国最年轻的农业合作社社长，二十岁时担任大队党支部书记……她带领群众战天斗地，在千亩沙荒地上植树造林；兴修水利，大搞农田基本建设；科学种田，推广小麦优良品种；自力更生，建设社会主义新农村。她不管在什么岗位，都不改质朴本色、公仆情怀，全心全意为人民服务。1970 年任临西县委书记，她提出了著名的“农业要上去，干部要下去”的口号；2019 年 9 月，她被授予“最美奋斗者”称号。

铭记是对英雄最好的告慰，传承是对英雄最好的纪念。

一直以来，我们都在以不同的形式铭记英雄，未曾忘记：2021 年 2 月 25 日上午举行的全国脱贫攻坚总结表彰大会，习近平总书记对在打赢脱贫攻坚战中做出突出贡献的先进个人和先进集体进行了表彰。2020 年 9 月 8 日在全国抗击新冠肺炎疫情表彰大会上，习近平总书记对在过去八个多月时间里，党团结带领全国各族人民进行的一场惊心动魄的抗疫大战进行成果总结，抗击疫情创造了人类同疾病斗争史上又一个英勇壮举！2019 年是九一八事变八十八周年，警钟长鸣，庆祝中华民族经历长达十四年的浴血奋战取得了最后的胜利，提醒我们曾经的苦难不能忘，曾经的牺牲不敢忘，坚定了吾辈当自强的意志。每年一度的“感动中国十大人物”评奖让我们在平凡中发现“不一样”的英雄，极大增强了全国人民的自信心和自豪感、凝聚力和向心力，激励我们在新时代新征程上披荆斩棘、奋勇前进。

自新冠肺炎疫情发生以来，孙继红、修文娅、王荣荣三名医护工作者选择前往支援武汉战“疫”一线；在南宫疫情中，基层干部张福生选择逆向而行、宣誓请战，奋不顾身地奔赴南宫抗疫一线。他们冒着风险与死神赛跑，用青春诠释了医者仁心的真谛，展现了玉兰家乡人民的担当和奉献的精神，他们将“爱国为民、艰苦创业、求真务实、无私奉献”的玉兰精神发扬与传承。

我们青年一代应踏着寻找英雄的足迹，传承红色基因的故事，铸造自强不息的时代。

（作者系文学与传媒学院 2018 级网络与新媒体专业学生）

# 英雄的背后，是对祖国的深爱

赵安妮

闪闪发光的不是武器，而是英雄们的心。

在中国的历史上，从不缺英雄。战争年代，有这样一群人，他们勇往直前，无所畏惧，为了国家和人民，毅然抛头颅、洒热血，保卫家国；和平年代，也有这样一群人，他们紧跟时代步伐，担使命、迎挑战，让中国在世界舞台上散发光芒。他们皆为英雄。

记得基辛格曾在《论中国》中说："中国人总是被他们之中最勇敢的人保护得很好。"无论什么时候，无论我们遇到再大的艰难困苦，我们之中，总有那么一群最勇敢的人，在关键时刻挺身而出。他们就是鲁迅先生所说的中国人的脊梁，在最艰险处接引这个民族渡过苦海的纤夫。

他们如野草，平凡至极，却又伟大至极。他们做出的看似微小的决定，改变了他们自己的一生，也推动中国历史车轮大跨步前进。记得1948年5月25日，我军攻打隆化城的战斗打响。董存瑞所在连队担负攻击国民党守军防御重点隆化中学的任务。连队发起冲锋时，却突然遭敌人隐蔽的桥形暗堡猛烈火力的封锁，董存瑞挺身而出，向连长请战："我是共产党员，请准许我去！"便毅然抱起炸药包，冲向暗堡，前进中左腿负伤，顽强坚持冲至桥下。由于桥形暗堡距地面超过身高，两头桥台又无法放置炸药包。危急关头，他毫不犹豫地用左手托起炸药包，右手拉燃导火索，高喊："为了新中国，冲啊！"碉堡被炸毁，年仅十九岁的董存瑞用自己的生命为部队开辟了前进的道路。在漫长的战争时期，还有无数像董存瑞、黄继光、邱少云、赵一曼等数不清的英雄，他们用灼热的爱国情，无畏的牺牲魂，换来了中国的明天。除此之外，还有很多无名英雄，随着时间的流逝，他们曾经在这片土地上洒下的鲜血、泪水和汗水，一并被风带走了，他们没有留下什么遗产，但他们为人们做出的贡献和努力却永远铭刻在人们的心里。

他们为我们而死，也在新时代倡导英雄之风的背景下，因我们而“活”。

他们如火，初见微芒，聚在一起却能照亮整片天空。2020 年的春节，大概是我们过得最为冷清的一个春节。突如其来的新冠疫情，让人们措手不及。为了控制疫情传播，党和政府采取果断措施。可即便如此，恐惧源于未知，面对这种从未出现的病毒，人们惊慌。在重大灾难面前，总有人挺身而出。钟南山院士，曾在 2003 年非典病毒肆虐的时候，出征重灾区，寻找解决方法。在十七年后的今天，面对突如其来的新冠肺炎疫情，八十四岁高龄的他，仍然逆行而上，出征武汉。他是一团火，照亮了全中国人民的心。此次疫情发生之突然，让许多人恐慌。但我看到，更多的人加入与瘟疫搏斗的洪流之中。他们是医学从业者，他们知道病毒的传播有多迅猛，也知道这场“战役”有多艰险，但他们仍然迎难而上；他们是志愿者，从全国各地纷纷驰来，支援武汉物资，口罩、防护服、医用手套、护目镜一批批地运入武汉，也运来了他们温暖的心。没有人一开始就是英雄，脱去职业的外衣，他们也是普通人，是别人的子女、父母、妻子、丈夫，他们也会恐惧、委屈，但他们明知前途艰险，还毅然奔赴一线的无畏，值得我们深深致敬。他们做逆行者，甘愿赴不可知的未来，给我们留下背影和希望，他们无愧于新时代的英雄！

中国人中有最真诚最无畏的爱国主义者，任何峰尖浪口时刻，总有人挺身而出，引领这个民族渡过危险与苦难。前辈们曾经受过的苦，走过的弯路，我们都将不再经历。而我们所能做到的，只有肩负起新时代的责任，走好新时代的长征路，让自己实现价值，无愧于自己，更无愧于祖国。

英雄出自平凡，成就伟大。在新时代的大潮中，作为青年大学生的我们也能成为英雄。我们在参与社会实践中放飞青春梦想，在为人民的服务中创造价值，已然接过英雄手中的接力棒，选择向那充满阳光和鲜花的道路奔跑而去。让我们继续奋勇前行吧！

（作者系文学与传媒学院2019级秘书学专业学生）

# 向塞罕坝英雄们致敬

张莉欣

我清楚地记得：在上高中时，有一次，学校门口发了一个旅游宣传册，这个册子上印着的就是一片林的海洋——塞罕坝，当时我就对这张图片印象深刻，但遗憾的是，当时并没有过多地去了解它。直到现在，我来到了承德上学，同时学习“承德文化与旅游”这门课程，让我有机会去了解塞罕坝，尤其是在塞罕坝艰苦创业的英雄们，这既是我的荣幸，也是塞罕坝人的骄傲！

塞罕坝就是美丽的高岭。塞罕坝被誉为“水的源头”“云的故乡”“花的世界”“林的海洋”，足可见塞罕坝的美丽以及生态环境的优美，它的美丽可以和九寨沟相媲美，也是众多人们向往的旅游天堂。不过，塞罕坝的今天离不开塞罕坝英雄们的艰苦创业与改革创新。如果不是老一辈塞罕坝人的努力和当代塞罕坝人的创新，那么塞罕坝就不会像今天发展得如此好。所以，我们要向塞罕坝的英雄们致以崇高的敬意！

如果你去过塞罕坝，当你进入林海时，映入眼帘的定是那一棵棵挺拔、坚强的落叶松。塞罕坝的故事也要从一棵松说起。那是 1961 年的夏天，时任林业部国有林场管理局局长荀世昌、副局长刘琨等人来承德地区考察。同年 11 月，刘琨带领技术人员到了当时荒无人烟的塞罕坝考察，可喜的是，他们在红松洼一带找到了一棵二十多米高，树龄至少上百年并且生长旺盛的天然落叶松。刘琨动情地说：“今天有一棵松，明天就会有亿万棵松。”这一可喜的发现为当时破败不堪的塞罕坝带来了一线生机，为他们开垦塞罕坝提供了活样本，为建设好塞罕坝树立了信心。

1962 年 2 月，“中华人民共和国林业部承德塞罕坝机械林场”正式建成。

1964 年，国家计委批复了塞罕坝林场的四项建设任务：一是建成大片用材林基地，生产中、小径级材；二是改变当地自然面貌，保持水土，为改变京津地带风沙危害创造条件；三是研究集累高寒地区造林和育林的经验；四是研究集累大型国营机械化林场经营管理的经验。可以说是为塞罕坝的开发奠定了一个坚实的基础，提供了有利的经验。

后来，为了响应国家的号召，更好地建设这个地方，一大批创业队伍来到了塞罕坝，进行艰苦创业。其中留给我印象最深的塞罕坝英雄就是机械林场第一代务林人陈彦娴。这位老人讲述了当时的创业历程：1964 年的夏天，为响应国家建设塞罕坝的号召，她和当时宿舍的五个姐妹决定一起放弃高考，毅然决然地投身于塞罕坝的创业中来。来到林场之后，陈彦娴被分配做育苗工作。从整地、做床、催芽、播种到小苗出土，每一项流程都有着严格的技术要求。她为了熟练地掌握播种时盖土的厚实度和压实度，提前拿滚桶和刮板一遍又一遍地练习，尽管手上被磨出了血泡，胳膊也肿得抬不起来，但依旧阻挡不了她要将塞罕坝建设好的决心！从中可见塞罕坝英雄们的毅力与坚持，创业与努力，我们向他们致敬！

据塞罕坝机械林场场长陈智卿回忆：当时老一辈务林人所生活的条件极其简陋，但他们依旧为了塞罕坝的建设而常年扎根在那里，这样的英雄们值得敬佩。

如今，越来越多的年轻人投身于塞罕坝的建设工作，为塞罕坝如今的建设贡献出自己的力量。比如，塞罕坝展览馆的讲解员魏路吉回答不出游客的问题时，她就留下了这位游客的联系方式，并咨询专业人员后，将正确答案通过电话的方式告诉了游客，收获了游客的赞扬。之后，她和同事们搜集了游客们各种各样的问题，通过请教专业人士和查阅资料等方式，将答案一一搜集。这无疑体现了他们的专业精神，这便是年轻人对于塞罕坝的建设和发展所贡献的自己的力量。他们值得被称为今天的塞罕坝英雄！

最后，我们要学习塞罕坝人艰苦创业的精神，将这个精神贯彻到我们自己的学习和生活中，将这个精神发扬光大！对此，我还要向塞罕坝英雄们致以崇高的敬意！

（作者系文学与传媒学院2019级秘书学专业学生）

# 学史力行，致敬英雄模范

丁玉龙

每个时代都有属于自己的英雄。他们的先进事例是那个时代人们前进的动力。他们用行动诠释了什么是爱国、什么是不畏牺牲。我通过学习党史了解到许多先烈，他们的品质值得我们赞扬和学习，我也学到了很多东西，古语云：“以史为镜，可以知兴替。以人为镜，可以明得失。”

中国共产党成立之初，中国社会一片黑暗，政府腐败，军阀林立，争权夺势，不断征战。以至于民不聊生，一个小村落都十室九空，加之外来侵略者的插足。正是在这样内忧外患的背景下，中国共产党带领人们发动革命，用手中的枪打败侵略者和反动政府建立了新中国，这一时期牺牲了许多中国共产党员。他们用自己的血肉铸就了一个崭新的中国，用自己的生命向人们诠释了什么是不畏牺牲，什么是精忠报国。每每想起，我都无比的热血沸腾。前辈们用鲜血为我们创造了一个和平年代，让我们可以安心的学习生活，不再受战争之苦。我明白了何为不怕牺牲的爱国主义精神；我也明白了为什么有“国有战，召必回”的誓词。我理应努力学习理论知识，虽可能无法成为栋梁之材，但必成支持栋梁的基石。

新中国成立后，我们经历过战争，经历过西方列强的经济、技术、外交封锁，同时我们还经历过自然灾害。但中国共产党不畏艰难，勇往直前，带领中国人民不断发展国力。在新中国发展过程中，涌现出一系列的先进模范，如“铁人”王进喜，全心全意为人民服务的雷锋，人民的好公仆焦裕禄等。正是这样的一群先锋战士，共产党人的楷模，为国家分忧解难，为民族争光争气的英雄们，才使得我们的祖国变得强大。我想我们这一代人也应该磨炼自己的意志，培养自己的优秀品质。

通过学习党史，我了解了革命先烈和模范的精神力量，了解了党建立之初的艰难；我明白了自己和前辈的差距，明白了新中国成立之必然，明确了自己要实现的目标。我要努力学习现代理论知识，不断强化自己的身体素质。学而优则仕，报效祖国。

（作者系生物与食品科学学院2020级生物科学专业学生）

# 人民英雄永垂不朽

杨惠菡

站在五星红旗下，望着那随风飘荡的五星红旗，我不禁感叹白云苍狗、岁月悠悠。中国是如何从过去的落后被欺，到现在的独立富强？回顾历史，这片土地的安宁、人民的喜乐是无数英雄用鲜血换来的！

祖国是人民最坚实的依靠。我们不必担心外面的风险，因为祖国为我们承受了一切，而祖国的背后是成千上万的英雄人物，他们希望打败侵略者，希望人民过得幸福，希望祖国能繁荣昌盛。他们宁愿牺牲自己的生命，也要守卫着我们的国家。这，让人为之震撼。他们也有自己的家，也很珍惜自己的生命，但是为了祖国不被侵略，人民不再受战火之苦，他们英勇作战，誓死也要保卫中华大地。如果说祖国是我们最坚实的依靠，那么，英雄就是民族最闪亮的坐标。

在战争中，他们在为我们的祖国冲锋上阵。黄继光，为堵住敌人的枪口，用自己的身体挡在机枪面前；董存瑞，为了战斗的胜利，高举炸药包舍身炸碉堡；邱少云，为了不被敌人发现，即使火烧到身上也纹丝不动，最后葬身在火海中；狼牙山五壮士，为了不让敌人从口中得到机密，跳下悬崖，舍生取义。红军不远万里长征，他们走过泥泞的道路，走过危险的沼泽，也走过高峻的雪山，二万五千里，每一处地方，都有他们的身影，都有他们的足迹。

灾难面前，他们挺身而出，守望相助。今年 5 月 12 日是汶川大地震十三周年祭，岁月抹去满目疮痍，却抹不去疼痛的记忆。我们缅怀生命的逝去，也铭记危急时刻的生死救援、灾难面前的大爱无疆、震后重建的守望相助。汶川地震夺去了许多人的生命，却也创造了无数的英雄，他们不惧大自然的死亡危险，勇敢地与天灾做斗争，或为他人献出了自己的生命，或尽自己所能帮助地震受灾的人们。他们都是平凡的人，但却拥有不平凡的灵魂，他们永远值得人们敬佩。

面对突如其来的新冠肺炎疫情，他们不顾自己的生命安危，毅然奋战在抗疫一线。八十四岁高龄的钟南山院士再次挺身而出，竭力挽救陷于水深火热的无数人民。前线医护人员本该是最熟悉新型冠状病毒危害的人，但一颗赤子之心早已经忽略了所有的危险，他们出发、前行、奋不顾身地作战。更有千万志愿者，舍小家，为大家，在每一个需要他们的地方上，奉献自己的力量。这样的英雄们，值得所有人致敬。

英雄是什么？英雄是无私忘我、不辞艰险，为人民利益而英勇奋斗、令人敬佩的人。他们顽强不屈的品质让我感动，让我觉得有了他们，祖国才会安康；有了他们，我们才会幸福；有了他们，未来才会变得更美好。每个时代有每个时代的英雄，试想，若世界上没有了英雄将会变成怎样？国家是否会停滞不前，我们也将遍体鳞伤，国破家亡。英雄对一个国家，乃至世界发挥着巨大的作用。

作为当代大学生，应当努力锤炼个人的品德，加强道德修养，要自觉向道德模范学习。

我想要和英雄对话，我想要大声告诉他们，现在的祖国正是因为有了他们才会变得如此繁荣与富强。我相信他们听得到我的心声，因为我感受到他们一直活在我的心中。我与英雄交谈，我牢记，他们对我抱有的期盼；我相信，我不会辜负他们的期望；我希冀，祖国安定而和谐的明天。我看着五星红旗笑了，我会成功的，会成为合格的社会主义的建设者和接班人，因为英雄就在我的心中，我们要时刻牢记，人民英雄永垂不朽。

（作者系化学与化工学院 2020 级化学工程与工艺专业学生）

# 向英雄致敬

阚然杭

那浩瀚的历史长河如此广袤无垠，那群星闪烁的光芒如此醉人心弦，那名垂青史的行为仍然照耀你我。他们有一个共同的名字——英雄。英雄！英雄？何为英雄？

前不久网络上出现一段话：“黄昏将至，我吃着白米饭，喝着快乐水，想不通为什么这些身强体壮的士兵会死。我在深夜惊醒，突然想起，他们是为我而死。”他们为什么会在那里？他们为什么会死？他们还那么小，几乎和我们年龄差不多大，在花一样的年纪突然消逝了，他们被称为英雄。为什么英雄却早早地死去呢？

直到我看到那句：“因为他们是为我而死。”为了我们这些在后方的人，他们选择了站出来，选择了成为英雄，他们踏出了勇敢的一步。

这世间从不缺少英雄，他们遥望后世，奉献了自己的生命，为了那一刻的可能，为了一个未来。

中华民族是一个伟大的民族，英雄是国家的、民族的脊梁。在战争年代，他们踏上一条义无反顾的道路，我们在课本上随意看到的一句话，是他们为之燃烧自己也要实现的理想。我们听到的几句话语，是他们石破天惊的行动。因为他们，我们才可以在此时此刻，安心的吃饭、睡觉。因为他们，我们才可以傲然挺立。因为他们的影响，我愿意在危难来临时，奉献自己。

赵一曼、董存瑞、黄继光、马宝玉、葛振林、宋学义、胡德林、胡福才，一个个正值韶华的青年男女，一个个在我们儿时就对他们的事迹如数家珍的名字。多年以后，我们站在烈士陵园，一个个墓碑静静的在那里，墓前放着鲜花，耳边传来儿童的嬉闹声，一片人间盛事，山河无恙的画面，我想，这就是他们所追求的吧。和平年代的我们无法想象那种绝望，但是，英雄绝不会默默无闻，我们每一个人，都要记住他，记住他们。

英雄是什么？和平年代还需要英雄吗？和平年代的英雄何去何从？

和平年代，无须我们踏上战场。英雄，便是我们前进的方向，舍身为大义，报党以忠贞，无私奉献自己的力量。弘扬中国共产党留下的崇高精神，向英雄致敬、向先进学习、向榜样看齐，不断提升自己，当国家需要的时候，如同每一位先辈一样，在新时代为国家奉献自己的微薄之力。立足自身岗位、展现新担当、实现新作为。身为祖国的花朵，民族未来的希望，我们应该向他们一样，纵然生的平凡却有不平凡的意志，将平凡演绎为榜样，用坚持书写一个个令人瞩目的成绩。

（作者系数学与计算机学院 2019 级数学与应用数学专业学生）

# 学英雄精神，向英雄致敬

何思藤

我们如今富强的国家，和谐的社会，幸福的生活，是一代又一代的英雄们不惧牺牲，勇于冲锋换来的。我们国旗的红，是他们的鲜血，我们这广阔自由的大地，是他们的肩膀。

1919 年 5 月 4 日，一批青年为了国家的利益挺身而出，开始了反帝反封建的爱国运动。他们高举民主、科学的大旗，不惧怕丢失安逸的生活、不惧怕政府的压迫、不惧怕性命的丢失，奋力要把国人唤醒，要为国家争得独立。当看到《觉醒年代》中陈延年满身伤痕地从血水中走过，我的心瞬间被揪了起来，即使他知道面临的是死亡，他还是留下了不悔又充满希望与光的笑容。五四时期这样的青年还有很多很多，他们是值得我们敬仰的英雄，他们无畏无惧，为国、为党、为人民踏出一条光明的道路。

战争年代，我们没有先进的武器，没有先进的设备，我们有的是战士们视死如归、敢于冲锋的勇气。董存瑞、刘胡兰、杨靖宇等众多勇士们在抗战中英勇牺牲。长征路上要翻雪山，过草地，没有足够的粮食，没有充足的厚衣服，但是这些都没有削弱战士们战斗的勇气，两万五千里的路程，就这样被我们的战士一步一步地征服，他们是可歌可敬的英雄。他们的奋战与牺牲，使得小米加步枪最终战胜了飞机和大炮，重新夺回了属于我们的胜利。

新中国刚刚成立不久，我们的战士们又要奔赴抗美援朝的战斗中，投身到生死未卜的战场，我们的志愿军没有犹豫，没有退缩。在战斗过程中，黄继光用胸膛挡住敌人的枪口为部队冲锋创造条件，邱少云在熊熊大火中一声不吭、一动不动为了部队不暴露。正是因为有许多像黄继光、邱少云这样的英雄们勇于牺牲自我，才最终赢得了战争的胜利。

1998年长江发生了全流域性的大洪水，危急时刻解放军冲锋在前，前往灾区支援百姓。堤坝被洪水冲毁了，解放军战士身体浸泡在水和泥中，他们扛起沙袋，一遍又一遍地重复着，为了尽快地加筑起临时的堤坝，他们不眠不休，体力耗尽后也撑着继续抢险，甚至有的战士累死在了抗洪前线。水位线不断上升，没有堤坝，解放军战士就用自己的身躯筑成堤坝来抵御洪水，许多军人到冰冷的水里抢险就再也没能回到温暖的家。正是他们这样的英勇牺牲，才换来了更多百姓的平安。

新年本该是团圆和休息的好时光，但离别和工作成为2020年的新年景象，新冠肺炎疫情突如其来，使我们的新年变得不同寻常。病例数不断上涨，前线需要更多的医护人员、志愿者加入抗疫。在支援武汉的第一批医护人员中大部分都是党员，他们说得最多的是："我是党员我先上。"身患渐冻症的武汉金银潭医院院长张定宇，身体行动不便，甚至他的妻子也感染了新冠肺炎，但他仍然坚守在抗疫一线。还有许多人牺牲在了抗疫一线。在党的正确领导和他们不懈的努力下，我们才赢得抗疫的阶段性胜利，我们的生活才逐渐恢复了秩序。

我们国家在走向中华民族伟大复兴的征途中一定还有许多我们不知道的人物，为了国家、为了党、为了人民贡献自己的一切。我想对所有为我们国家、我们党、我们人民做出过牺牲的英雄们说："我们青年一代一定会向你们学习，担起重任，为实现中华民族的伟大复兴贡献自己的力量。这盛世繁华，由你们创造，我们永远都不会忘记你们，向你们致敬。"

（作者系数学与计算机科学学院2018级应用统计学专业学生）

# 红星浩瀚，山河昌荣

刘凯文

我也曾想过——
在沉寂的夜晚当一颗明星，
也许不像水晶般透明，
也许不像湖波般粼粼；
但我也若能照得一方天晴，
每一颗坠挂茎叶的露莹，
都是监督我修性的眼睛；
看啊！华夏圣地绽放着冉冉红星，
那是正当年的五星红旗，
那是五千年的中华汉字！

我感受到——
这片古老的黄土埋着一片云朵，
云朵披着鲜红的霞袍，
曾吞吐着革命的焰火；
这是一场震惊历史的剥削压迫：
幽美的山谷凄清冷寞，
汹涌的大海内敛沉默——
直至沸腾的热血染红整座城郭；
而如今，我是黄土上一颗迎光的野草，

饱啜着汲取丰硕的鲜果，
鲜果是曾经凋谢的花朵！

我默默倾听——
是雷声？还是东方神龙的怒息？
历史的回播并没有停息，
天空盘旋着英雄的豪气；
每个战争年代都应被历史铭记：
没有任何阴影能在光辉下隐匿，
没有任何伤痕能在遮蔽下消逝；
是的，此时，危机悄悄浮出天际，
含刺的“玫瑰”在五月妖娆肆意，
在初夏这片田野伪装流血的甜蜜！

我看着历史——
历史是一位慈祥的学者，
铭记着国家的曲折，
安慰着个人的挫折——
所有流传的故事都是和平时代清澈的流河，
并倒映着民族的愤奋和所有侵略者的险恶；
正因此，无人能用华丽的笔墨将历史勾勒，
（历史就是历史）历史是不衰的圣歌，
为民族繁衍着一代又一代坚定的职责：
广袤的银河因被注入中华文化而炙热！

所以我遥望——
遥望一座座由身躯构成的“尸”桥，
柔弱着伫立在岁月的角落，
为今朝雕饰着和平的城堡；

在没有炮火吞噬的晨晓，
在没有枪雷喧嚣的陆岛，
是先烈为我们屏蔽战乱的侵扰；
现在，神州已不再枯槁，
满山遍野都是闪烁的珍宝，
为祖国歌咏着不泯的英豪！

虽然我渺小——
不曾登上高耸的山峰，
不曾游遍蜿蜒的长城，
但我有一双眼睛将使“红色”传承，
因此在芸芸之中我努力撰写着人生；
若清澈的苍穹被乌云涂得灰蒙，
若辉明的骄阳被沙霾淹得阴冷，
我相信，敦厚的大地终会捧起狂怒的清风，
与阴晦的天色做最后的斗争——
每个人心中都燃烧着不灭的烛灯！

因此我鼓舞——
我的心中涌着滔天骇浪，
沉重着拍打脚下的土壤，
这是让我恋恋不舍的地方；
鲜血在我的脏腑里流淌，
滋润着久驻的志向——
信仰在我的体内茁壮；
为此，我的眼里映射着泪光：
这是一个昌盛的国邦，
这是国人怀里的家乡！

现在我要想——

在沉寂的夜晚当一颗明星，

不要水晶般的透明，

不要湖波般的粼粼；

如果我也能照得一方天晴，

每一颗坠挂茎叶的露莹，

都曾是历史遗留的眼睛；

此时！华夏圣地丰收着冉冉红星，

那是正值青春的五星红旗，

那是古老不息的中华汉字！

（作者系文学与传媒学院 2018 级网络与新媒体专业学生）

# 向党致敬，向英雄致敬

曹晓红

“五星红旗迎风飘扬，胜利歌声多么嘹亮，歌唱我们亲爱的祖国，从今走向繁荣富强……”每当这首《歌唱祖国》的歌声响起，那种发自肺腑的激动油然而生。1949 年 10 月 1 日，中华人民共和国举行开国大典，毛泽东主席向全世界庄严宣告：“中华人民共和国中央人民政府成立了！”每当回想起这一刻，我们都备感自豪。

中国共产党从成立到现在，已有一百年的历程。我们回首过往，在这一百年的艰辛历程中，他们一路经历过多少艰苦，度过了多少苦难才有了今日的辉煌。所以可以肯定地说，中华人民共和国的成立，是他们不怕牺牲、艰苦奋斗的结果，是他们在战场上和敌人顽强拼搏出来的，是他们用无私奉献的实干精神创造出的今日辉煌。

1934 年 11 月 16 日，在鄂豫皖根据地坚持斗争的红二十五军根据中央指示开始长征。11 月 26 日，正当先头部队准备从河南方城独树镇附近跨过许南公路时，突然遭到敌人的猛烈袭击。手脚冻僵的红军战士与敌英勇战斗，打退了敌军的进攻。长征途中，红军不仅翻越了终年积雪的大雪山，还走出了人迹罕至的草地。

先辈们前仆后继的牺牲精神值得我们敬仰：在敌人威逼利诱下宁死不屈的刘胡兰；为了战争胜利手托炸药包奋力呐喊的董存瑞；为了不暴露部队位置忍痛被火烧死的邱少云；为了保守党的秘密遭受日军严刑拷打的赵一曼；为了不给敌人留下一枪一弹、毁枪跳崖的狼牙山五壮士；还有为了不透露党的秘密死于敌人的屠刀下的女烈士江竹筠等英雄，都值得我们去敬仰并学习他们无私奉献的精神。

革命先烈们用实际行动践行了作为一名共产党员的义务，坚守了不忘初心、牢记使命的责任。在那个热血澎湃的时代，一批又一批年轻的共产党人前赴后继、浴血奋战，在关键时刻挺身而出，心中所念都是“主义、奋斗、牺牲、救亡”。正是因为有那样一批又一批一心为民、矢志报国的党员英烈，党组织才能在革命烽火硝烟中始终保有强大的吸引力、凝聚力和战斗力。

为了更好地学习中国共产党人的奋斗精神，我们一定要学好党史、上好党课。坚持党和人民的利益高于一切，坚持从群众中来到群众中去，坚持一切为了人民、一切依靠人民。百年党史是中国共产党无数英雄先烈的鲜血谱写的历史，见证着我们党百年来的成就和辉煌。光荣的传统和优良的作风，今天传承给我们这一代，是我们这一代新青年奋勇追赶先辈的新起点，是我们这一代的任务和毕生追求，是指引我们前进的方向标，是我们不忘初心、承担使命的责任，是我们铭记历史奔向新时代的冲锋号，是我们一起共同创造美好未来的坚定，是我们继承发扬建设祖国的新征程。

新时代的我们要学习党史、缅怀先烈、不忘初心、砥砺前行。我们要坚定理想信念、忠诚于祖国、忠诚于人民，要知行合一做实干家，领悟思想、求真学问、练就真本事，完成时代赋予我们的历史使命，实现祖国更加强大、人民更加富裕的伟大的中国梦！

（作者系数学与计算机科学学院2018级应用统计学专业学生）

# 我是浪花你是海

张子怡

中华民族从遥远的蛮荒中走来，历经磨难而不折，踏遍荆棘而不倒，坚守本心，不改本色，寻那红日初升，光芒喷涌。

“我和我的祖国，一刻也不能分割，无论我走到哪里都流出一首赞歌……我的祖国和我像海和浪花一朵。”我们是浪花，而祖国是大海。英雄更是大海中的海浪，将我们和祖国连接在一起。

抗日战争的全面爆发，日军的铁蹄在中国大地上肆意践踏，中国的英雄将士们奋起反抗、同仇敌忾、众志成城凝聚起坚不可摧的民族力量，最终照亮了十四年的漫漫黑夜，让中国重获希望。这是英雄先辈们舍生忘死、心怀国家、护国为民，用自己的生命和鲜血保护了中国这一大海的安宁与和平。到了现代，数不胜数的英雄为我们的幸福生活而奔走劳累、舍生忘死。

“崇尚英雄才会产生英雄”让我们以先进的英雄模范为明镜，将我们的初心融进灵魂之中，把使命扛在我们的肩上，为实现我们中华民族伟大复兴的中国梦而不懈的努力奋斗。

是否还记得2003年的非典？恐慌、彷徨全都压向我们，是医护人员自请长缨、披挂上阵，奔赴在护理病人的一线，他们就是英雄！护我中华无恙。一句“十七年前你们守护我们，十七年后换我们守护你们”激起多少人潸然泪下。2020年的新冠肺炎疫情突如其来，一省封城、举国闭户、万人感染、千家破碎。数以千计的医疗团队一齐奔赴疫区，中国人众志成城、共克时艰。钟南山院士“奉命于危难之间”奔赴前线，在开往武汉的列车上，他累到双眼紧闭，却帮我们睁开了在面对疫情危难时警觉的双眼。他就是英雄！身患渐冻症的张定宇院长，顾不上自己已经感染病毒的妻子，拖着病体守护生命，还有李兰娟院士，她挺身而出，毅然决然……他们又何尝不懂疫情难料，生死茫茫，可是国难当前，他们眼里看见的只有嗟叹的疆土，只有抽泣的病人。越是在千钧一发、存亡绝续的时候，越能显出英雄本色，见其脱颖而出。除了他们，还有很多属于新时代的青年英雄们。二十八岁的宋英杰在抗役前线奋战十天九夜，最终因过度劳累不幸离世；二十九岁的彭银华放弃原定大年初八的婚礼奔赴武汉，最终却与自己未过门的妻子天人两隔；因怕哭花护目镜拒绝和家人说话的护士朱海秀，她的坚守让人感动。还有无数的“90后”在疫区担当重任，他们的脸庞虽稚嫩，但眼中却充满坚定，他们的肩膀虽瘦弱，但却扛起了一片天。是多少医护人员“捐躯赴国难，誓死忽如归”的决心护我中华，他们披星戴月，于庚子年间的黑夜下撑起万家灯火；他们用爱唤起生命的火光，用爱点燃了整座江城。他们就是英雄！

“我们应摆脱冷气，只顾向上走，不需听自暴自弃者流的话，有一分光，发一分热，不必等候炬火”。歌曲中唱着“我分担着海的忧愁，分享海的欢乐”，多少英雄伟人作为海浪，奋力作为，不负年华、不负人民，更不负国家。钱学森突破重重阻遏，放弃高薪诱惑，毅然决然的回国，为国防事业做出贡献；布衣院士李小文始终不下讲台，直到生命终点；钟扬为了种子库完整，无数次上青藏高原。“我有一颗明珠，永远被尘埃关锁；一朝尘褪光显，照破了山河万朵”，正是他们的坚持、专注证明了他们就是科学界的英雄。

可谓“无穷的远方，无尽的人民，都与我有关”，脚踏黑土、心向田埂的秦玥飞，数十年坚守海岛的王继才、王仕花夫妇，在索马里护航中智斗海盗的宋玺，为救森林大火而牺牲的四川凉山消防战士……有道说“成功不必在我，功成必定有我”。他们用自己的汗水苦难甚至生命换得人们笑颜如花，纵然自己疲惫不堪，也要守护这大国盛世。浪花拥抱了海洋，正是有他们的付出，才有我一方平安。

新时代的明天，每一个党员都需有英雄气节。英雄是一个国家和民族的精神脊梁，正是他们的存在，才会有我们社会的进步和发展。

灼灼芳华，悠悠国心。十年饮冰，难凉热血。每一位英雄都在以自己的小小浪花之力，成就中国之海的深沉与广阔。用生命泼墨海，光阴把家国承载，明日的我们都是新时代的英雄，必将胸中有丘壑、立马振山河，让浪花翻起海浪。

（作者系商学院2020级人力资源管理专业学生）

# 心中的“傻子”

## ——致敬奋斗在脱贫攻坚一线的基层工作者

尚晓博

“惊鸿一般的短暂，如夏花一样的绚烂。”因朋友的介绍，看到了时代楷模李夏的先进事迹，深受触动。这让我又想起同为时代楷模的黄文秀。他们两人未曾谋面，更不曾相识，但却有着同样的称谓“基层工作者”，有着同样的事业“脱贫攻坚”。

“初心不因来路迢遥而改变，使命不因风雨坎坷而淡忘。”这是时代楷模李夏微信朋友圈的个性签名，如今已成为他一生的真实写照。“做人要有价值，不能光为自己活，还要为民族活，为国家活。”这是时代楷模黄文秀上学期间写下的一段话，这又何尝不是她一生的生动反映呢？

李夏、黄文秀是伟大的，他们的伟大之处就在于用自己的奋斗与生命诠释了中国共产党人的初心和使命；李夏、黄文秀又是普通的，他们的普通之处就在于自己和十九点五万扶贫工作者一样每天奔走在田间地头。他们不为名不为利，只是为了“为老百姓做一些实实在在的好事”，只是为了胸中的主义和心中的理想。

面对李夏和黄文秀当初放弃在大城市工作的机会，主动回到基层，扎根乡村，做一个“农民”，也许有人会说他们是傻子，也许有人会说实现人生价值的机会很多，为什么非要去贫穷农村？其实，他们并不知道，李夏、黄文秀只是在用自己的青春做一些有益于人民、有益于国家的事情，只是在用自己的实际行动来实现人生价值的最大化！如果说，这也叫傻子，那就让他们“傻”下去吧，国家需要这样的“傻子”，人民需要这样的“傻子”。

一次次翻看着李夏、黄文秀的先进事迹，我的眼泪一次次的涌入眼眶。我为他们而感动，更为自己而惭愧。相比他们，我在学习和生活中面临的困难是多么的不值一提；相比他们，我个人的思想境界是多么的狭隘局限。正因如此，我要向他们致敬，更要向他们学习，去做一个彻头彻尾的“傻子”。

我要学习李夏、黄文秀坚定理想、忠诚信仰的崇高精神。信仰是指引，理想是追求。古人王阳明说：“志不立，天下无可成之事。”由此可见，理想信仰对一个人来说是多么重要。李夏、黄文秀的理想就是坚定实现人民群众的美好生活，就是始终忠实无产阶级的伟大真理——马克思主义，并用自己的一生践行着。作为新时代的中国青年，我应当坚定为人民服务的根本宗旨，忠实马克思主义信仰，把自己的小我融入国家的大我、人民的大我之中，与时代同步伐、与人民共命运，许党报国，一生如此！

我要学习李夏、黄文秀为民服务、甘于奉献的崇高品格。人民是力量，奉献是无悔。李夏、黄文秀始终把人民冷暖放在心间，带着一颗热爱人民的赤子之心，一生真情投入，一生默默奉献！“横眉冷对千夫指，俯首甘为孺子牛”，作为新时代的中国青年，我应始终保有人民情怀，体味人民、感悟人民，始终坚定“人民就是你我他”的理念，善待身边每一个善良的人，以谦卑的姿态学习身边每一个优秀的人，始终把服务人民、奉献国家作为自己的最高价值追求。

我要学习李夏、黄文秀扎根基层、勇于担当的崇高境界。“郡县治，天下安”。社会治理的基础在基层，重点在基层，难点也在基层，做好基层治理意义重大。当前，基层的脱贫攻坚事业进入最艰难的攻关期，完成得好，全面小康的目标就能全面实现；完成不好，全面小康的效果就会大打折扣。时代呼唤担当，李夏、黄文秀不怕困难，勇于担当，在脱贫攻坚第一线真情投入、无怨无悔、迎难而上、挺身而出，用自己的青春展现了共产党员的崇高境界，谱写了绚丽的青春之歌。作为新时代中国青年的我，应践行和发扬迎难而上、挺身而出的担当精神，勇做时代弄潮儿，努力成为一名合格的投身脱贫攻坚和乡村振兴事业的“农民”，在希望的田野上奋力奔跑。

我要学习李夏、黄文秀砥砺奋斗、修炼本领的崇高底色。“奋斗是青春最亮丽的底色”“青年是苦练本领，增长才干的黄金时期”。李夏、黄文秀在基层工作中始终践行着“永久奋斗”的精神，不断向人民群众请教问题，提高个人能力，提升服务本领，用自己的所思所想，砥砺实干开创着基层脱贫攻坚事业的新局面。当今时代，社会发展不断加快，对青年的能力素质提出了更高的要求，只有努力学习科学知识、提高内在素质、锤炼过硬本领，才能赶上越来越快的时代发展。“自信人生二百年，会当水击三千里”在实现民族复兴的征程上，只有“永久奋斗”才能实现梦想。奋斗的征程不会一帆风顺，“强者，总是从挫折中不断奋起，永不气馁”。作为新时代中国青年，我应努力学习科学文化知识，求真学问、练真本领，请教人民、请教社会，以真才实学服务人民，在奋进、开拓、奉献中劈波斩浪、披荆斩棘、勇往直前！

我要学习李夏、黄文秀饮水思源，感恩回报的崇高品德。“落其实思其树，饮其流怀其源”。家乡是我们生于斯长于斯的地方，我们从这里出发，走向向往的远方。“走得再远，都不能忘记从哪里而来”。走出去，也是为了更好地回来，更好地回报养育我们的这片土地和人民。李夏、黄文秀就是这样，他们走出自己贫困的家乡，又回到自己贫困的家乡，只是为了改变这贫穷的地方，只是为了回报这片炽热的大地。家乡的脱贫攻坚“不获全胜，决不收兵”，这是他们的承诺，虽然他们不能再亲眼看到家乡的“全胜”，但是他们可以放心，千千万万的家乡人民会一直继续他们的事业！作为新时代中国青年，我应当保持故乡情怀，始终牢记家乡需要，立足家乡大地，关注家乡发展，回报家乡，为家乡脱贫事业贡献自己全部的力量！

行文至此，感触未尽，千言万语表达不尽我对以李夏、黄文秀为代表的十九点五万基层扶贫工作者的敬意。此时此刻，我的父亲也在和这十九点五万基层扶贫工作者一样，依然忙碌在基层工作的第一线，这是他们的常态，他们因此而普通，也因此而伟大！

普通而伟大，这就是我心中的“傻子”，我也甘愿去做这样的“傻子”。

（作者系文学与传媒学院 2020 级新闻学专业学生）

## 百年征程，星火不息

刘亦涵

一百年风雨兼程，一百年岁月如歌。翻开中国共产党党史，几多沧桑、几多磨难、几多困苦、几多悲愤，唯有英雄不朽、初心不改、薪火相传。

历史定格，英雄长眠。

战争时期，无数共产党员、革命志士为了民族的解放，为了人民的幸福抛头颅、洒热血；为了国家的稳定，为了党和人民的事业捐身躯、照汗青。时至今日，我们仍能感触到先烈们跳动着的炙热脉搏！革命先驱李大钊为了民族复兴从容就义；爱国将士方志敏一心投入党的革命事业直到生命的终结；抗日英雄赵一曼面对日本人的严刑拷打宁死不屈；援朝战士黄继光更是用血肉之躯抵挡敌人的子弹，最终以身殉国……

随着无数党员战士们的前仆后继，无数爱国志士们的浴血奋斗，无数青年学子们的誓死反抗，在这片被鲜血染红的土地上，一轮红日在东方缓缓升起，载着一颗名为“希望”的火种，为苍凉的大地披上一层柔软的金光。在暖阳的照耀下，无数英雄模范的精神汇聚在一起，使得那颗满载希望的赤色火种相继迸发出夺目耀眼的光。也正是这束光芒带领中国人民扫荡了土豪军阀，赶走了日寇列强，推翻了蒋家王朝，焚毁了一切专制和腐朽，使中国走向繁荣和富强！

沧海桑田，神州巨变。

如今，中国路、中国桥、中国港、中国网，这一个个奇迹般的伟大工程，托举起中华民族伟大复兴的中国梦。星空遨游、海底探月、云端架桥……在神州大地上，时时刻刻都在发生着惊人的奇迹。无数爱国志士尚未看到的，无数党员战士拼死为之奋斗的，一代代有识之士日夜设想的时代，在我们眼下得以印证了。英雄先烈们啊，这盛世如你们所愿！

在和平年代的今天，新冠肺炎疫情的出现打破了往日的平静，但英雄的气节从未泯灭。面对疫情的无情，身为中国共产党党员的李文亮医生，不顾外界的质疑与反对，毅然担起了“吹哨人”的职责，最终不幸染病牺牲；在疫情防控第一线，全国上下许多民警、辅警因公殉职；八十四岁高龄的钟南山院士和七十三岁的李兰娟女士，不顾自身安危第一时间赶往武汉参加抗疫；还有无数基层党员日夜坚守在抗疫岗位，为人民撑起一道道生命的防线……他们是当之无愧的英雄！

百年征程，星火不息！英雄模范的赤焰一脉相承。正是这赤色的火焰点亮了中国革命的灯塔，指明了前进的方向，燃起了不屈的信念。如今这赤色的火种即将移交到我们这一代人的手中。作为新一代青年的我们定要担起历史重托，向英雄模范看齐，为中华民族的伟大复兴而奋斗终生！

（作者系文学与传媒学院2018级网络与新媒体专业学生）

# 缅怀先辈精神，自当砥砺前行

董昱宏

中国共产党的历史上，出过千千万万的英雄人物，正是因为他们率先觉醒和甘于牺牲、用生命倾注一个新的时代，才换来了今天的和平生活。这让我想起了最近一部很火的电视剧《觉醒年代》。通过这部电视剧，我对那个年代的先辈们有了更多的了解，对新文化运动、五四运动到中国共产党建立这段波澜壮阔的历史有了更深的体会，看到了一百年前中国的先进分子和一群热血青年演绎出的一段追求真理、燃烧理想的澎湃岁月！

在那段风雨如晦、泥泞不堪的岁月里，青年人的觉醒不只是个体或一个群体的觉醒，更唤醒了在五千年封建思想之茧和半个世纪的阴暗绝望中沉睡已久的中国，让“中国不会亡”转化为行动，为没有火炬的中国点亮了唯一的光。

在熊熊燃烧的青春里，不屈的精神在觉醒。面对家国危难、时局动荡，一群恪守信仰的人在黑夜里涤荡黑暗、苦苦追寻光明！他们认识到，唯有民众精神的彻底觉醒，才有救国革命的彻底胜利。于是，陈独秀着手创办《青年杂志》，李大钊因俄国十月革命坚定工人当家做主的决心，鲁迅以《狂人日记》批判“吃人”的礼教，胡适在美国撰写《文学改良刍议》，蔡元培出任北大校长，每个人都在竭力以思想力量撼动中国历史的进程。新文化运动犹如一声声响鼓，唤醒了农民、工人、贩夫走卒，振作了大江南北的民族精神；犹如一记记重锤，直击封建思想要害，狠狠地将害人的、苟延残喘五千余年的精神枷锁砸得粉碎；更如一束束光，猛地驱散了青年心中的冷气与阴霾，使他们意识到中国是你的，也是我的，唯有奋起直追才能打破阴暗绝望。一个个响亮且伟大的名字让新文化运动如滔天巨浪席卷而来，不仅在旧文化的废墟上重新树起中国精神的旗帜，让旧社会和旧文明一点点分崩离析，更揭开了思想觉醒的帷幕。

在敏锐活跃的青春里，伟大的思想在觉醒。一代先进知识分子登上历史舞台，开始了救国救民之路的艰难探索。他们在混沌中求索并深刻认识到：腐朽的旧思想、落后的旧制度无法挽救处于存亡绝续的旧中国，不在涅槃中重生，便只能在沉默中灭亡。于是，他们走出书斋到茫茫大地上点起火炬，办夜大、开讲演，深入到每一个需要文化的无产阶级中去。从北大校园中的莘莘学子到穿梭在城市中的知识分子，再到山野中的农民、矿洞中的矿工，马克思主义正在中华大地散开，星星之火正在酝酿成燎原之势，中国共产党应运而生。他们从风雨中走来，在泥泞中倒下又爬起，满身的光芒刺破了无尽的黑暗，为革命觉醒注入了催化剂。

在热血沸腾的青春里，革命的行动在觉醒。陈独秀、李大钊、蔡元培等人，誓将民主唤醒，领导学生、工人行动起来，阻止这遗臭万年的不平等条约。五四运动的帷幕拉开，让一场轰轰烈烈的以学生、工人为主的革命似潮水般袭来；中国共产党的成立，让志同道合的革命先锋汇聚起来，经历过无数血与火、生与死的考验之后推翻了旧社会、建立了新中国。李大钊被军阀张作霖杀害，陈延年被国民党刽子手乱刀砍死，赵世炎被砍头，邓中夏、陈乔年、何孟雄、何叔衡、马骏等人牺牲……他们燃烧血肉之躯，只为一个可爱的中国。

我们感动，因为他们为中国治愈了心灵的麻醉、思想的死亡，他们让中国人的精神焕发新生！

我们震撼，因为他们看到了遍地哀鸿满城血，想到了匡扶华夏救苍生，一生不问富贵、不求贤达，只为开辟一条救国之道，让国人不再去做无谓的牺牲、不再徘徊和挣扎于绝望！



我们泪流满面，因为他们献祭生命和鲜血，打破黑暗、拥抱光明，让身后的千千万万同胞奔赴春暖花开的时代！

星星映在先烈眼底，星光洒在我们身上。今日的我们生于和平年代，享受着先辈们用生命换来的美好生活，更要不忘初心，坚定理想信念，为社会主义事业而奋斗终生。求学路上觉得困顿、忧虑的时候，要想一想，在那样一个真实存在的年代，有一群“同龄人”，是那样的意气风发，那样的纯洁坚定，那样地为理想和国家而战斗，想到这里，我们就能获取无穷无尽的精神力量！

（作者系文学与传媒学院2019级网络与新媒体专业学生）

# 铭记英雄

霍梦菲

2020 年 6 月，印军公然违背与我方达成的共识，悍然越线挑衅。团长祁发宝本着谈判解决问题的诚意，仅带几名官兵前往交涉，却遭对方蓄谋暴力攻击。面对对方的蓄意攻击，祁发宝带领五位队员坚持到了我军增援，一举将来犯者击溃驱离，取得重大胜利，印军溃不成军、抱头逃窜，丢下大量越线和伤亡人员，付出了惨重代价。

祁发宝当营长期间曾四十余次遭遇暴风雪和泥石流，十二次与死神擦肩而过，和他一起出生入死的战友，十六人掉入冰河和雪坑遇险，两人长眠雪山。这次的事件更是只剩下他一个人平安归来。

在现在网络高速发展、物质资料越来越丰富、大量信息唾手可得的时代下，我们的精神生活好像越来越匮乏。我们天天关注娱乐新闻，却让那些真正应该让大众看见的英雄压在了无数的信息之下。

国家每年都征兵，我们看着身边的人走向军营，看着他们穿上军装，觉得那是一件英姿飒爽，无比“风光”的事情。可又是否真正地意识到那一身军装下所肩负的意义与责任。当你走向军队，走上国防边境，你所承担的就是保家卫国的责任，那“一个中国”不再只是字面上的理解，那“每一寸国土都不容侵犯”也不只是说说而已。祁发宝营长用自己的身躯保卫了我们的祖国。其实，2021 年年初，还有祁发宝营长在边境上怒斥外军，要求他们离开中国国境：“不想打仗就滚！否则后果自己承担!”的视频在抖音 APP 上被数百万人点赞。当时我们只记得那是一个穿着军装，极其硬气的中国军人，并不知道他姓甚名谁。他之所以收获百万点赞，更是因为他代表了中国，维护了祖国的领土，切实把保家卫国展现了我们面前。我们看到的只是那一小部分，谁又知道他在战争中失去了多少战友，面对了多少次生死存亡呢？

即使是在这个岁月静好的时代，也并不缺乏英雄的存在。他们只是在你我不知道的地方经历着你我所不能想象的一切，在你顶着生活的压力继续向前的时候，他们也在风雨无阻地保卫着祖国。向英雄致敬，不仅仅是一句说说而已的话语，我们要时刻记得那些刻在墓碑上的名字和那些连名字都无法宣之于口的英雄。或许我们永远都无法知道有些人的姓名，但我们要时刻铭记，真的有一批人，他们是我们的英雄，他们就在离我们不远的地方。

（作者系文学与传媒学院 2018 级秘书学专业学生）

# 向英雄致敬

谷文倩

2020年新春到来之际，突如其来的新冠肺炎疫情打破了原本的热闹氛围。党中央一声令下，全国上下团结起来抗击疫情。

在举国上下万众一心、众志成城做好新冠肺炎疫情防控工作的特殊时刻，医护人员作为控制疫情的中流砥柱冲锋在前。八十四岁高龄的钟南山院士坐着餐车冲到抗疫最前线，李兰娟院士深入ICU病房观察疫情，全国各地的医护人员纷纷自告奋勇冲到前线。他们成为最美逆行者，我为他们点赞，向他们致敬。在新闻中我们看到：很多驰援武汉的医护人员，为了方便工作，减掉留了多年的长发；为了不让父母担心偷偷报名，不接受媒体采访；为了不浪费防护服等医疗用品，长时间超负荷的工作。当我在网络上看到这些报道的时候，那种感动已经不能用言语来形容。医护人员冒着患病甚至死亡的风险，还坚持冲到前线。是啊！正是有无数英雄的逆行，我们才得以健康快乐的生活。

世界上没有从天而降的英雄，只有挺身而出的战士。疫情期间，国家紧急启动了“一省包一市”、十九个省份对口支援湖北省除武汉市外的十六市州及县级市机制。各省菜农也给湖北送去带有温暖的蔬菜，各大公司也给湖北人民送出自己特有的产品，很多志愿者积极认真地做好后勤保障工作。有的孩子拿出自己的压岁钱为民警买口罩，用歪歪扭扭的字体写下了“希望你们能好好保护自己”的美好祝愿；有的明星捐款捐物，通过网络隔空进群为医护人员加油打气；有的老师主动照看医护人员的子女，辅导作业等，很多人都在为抗击疫情贡献自己的力量。正如鲁迅先生所说的：“能做事的做事，能发声的发声。有一分热，发一分光，就像萤火一般，也可以在黑暗里发一点光，不必等候炬火。”

这些都使我们感动，凝聚着社会正能量，我们必有信心和决心打赢这场疫情防控阻击战。我们普通人虽不能亲临主战场，但我们能在这场大战中坚定信心、明确理想——向英雄致敬！今后的岁月定将不负韶华！

（作者系文学与传媒学院 2018 级秘书学专业学生）

# 天地英雄气，千秋尚凛然

邓 杨

英雄一去豪华尽，唯有青山似洛中。英雄是号召人民前进的号角，是飘扬着的旗，是航船上的帆，是伴随着黎明到来的红日。英雄留下来的是充满力量的号子，是火红的朝阳，是崇高的信念，是呼啸的海风！

在中国上下五千年的历史中涌现了数不胜数的英雄人物，他们用自己的血肉筑成了我们今天的坚定信念，用自己的实际行动铸造了我们今天的英雄主义精神。

吃水不忘挖井人。我们学习党史应该做到学史力行，向英雄模范致敬；应该更广泛的去了解英雄事迹，传承优良基因；应该讲好英雄故事，弘扬英雄精神。

在这些英雄人物中最令我印象深刻的就是为我国新冠肺炎疫情防控做出巨大贡献的逆行者——钟南山院士。

庚子年初，新冠肺炎疫情来势汹汹，湖北省武汉市成为疫情之下的“重灾区”。钟南山院士赶往武汉，在最危险的地方指导工作，带领武汉人民共渡难关。这位耄耋老人做出的决定，闪烁着中国共产党党员的信念，蕴含着中国共产党党员纯洁的党性。淋过雨的人更愿意帮别人撑伞，钟南山院士经历过非典时期的混乱，也更明白安全、稳定的社会环境的重要意义。面对新冠肺炎疫情，他再次冲在人民前面，像十七年前抗击非典那样，用自己的双手击退病毒的袭击，用自己的身躯保护想守护的百姓。



钟南山院士用自己严谨认真的专业精神为中国人民筑起了一道坚不

可摧的防护墙，在这道墙内我们安居乐业，生活逐渐回到正轨。也许没有人能真正感受到北京开往武汉的列车上钟南山院士的心情，但是我们都会铭记那个夜晚，在那个夜晚，是钟南山院士带给我们希望，让我们坚信寒冬终将结束，暖春定会到来。

天地英雄气，千秋尚凛然。钟南山院士用实际行动让大家感受到了英雄之气，感受到了共产党员的坚定信念。

英雄不灭，精神不朽！人民从未忘记，人民从未忘记那充满力量的号子，从未忘记那火红的朝阳，从未忘记那崇高的信念，从未忘记那呼啸的海风。人民从未忘记那些有着崇高理想和信念的中国共产主义战士们，从未忘记今日的生活从何而来，今日的平安由谁守护。

中央统一领导，各省对口支援，全国一盘棋，劲往一处使。

习近平总书记曾说过："我们要在全社会树立崇尚英雄、缅怀先烈的良好风尚。对为国牺牲、为民牺牲的英雄烈士，我们要永远怀念他们，给予他们极大的荣誉和敬仰。"我们只有重视英雄模范，学习他们积极奉献的精神，才能让民族有力量，国家有希望。岁月可以改变一切，时间可以带走一切，唯一带不走的只有英雄主义精神。

奋斗百年路，起航新征程。中国特色社会主义进入新时代，将会面对无限的机遇与挑战。面对新变化，我们要像这些英雄一般，始终抱有坚定的理想信念、真挚的爱国情怀，凝心聚力共同为实现中国梦而奋斗！

（作者系文学与传媒学院 2018 级秘书学专业学生）

# 岁月泯灭不了我们对英雄的崇敬之心

王亚静

在历史的岁月长河中，人的一生不过是沧海一粟，人这短暂而又漫长的一生，遇到的人无数，可印象深刻的不过是身边的可数几人。但是，却有这么一群人，他们跨过了历史的长河，熬过了岁月的蹉跎，永远的镌刻在了人们的心里，这群人有着一个共同的名字——英雄。

很小的时候，父母对我常说的一句话就是："你要快点长大，然后就可以成为一个大英雄来保护我们了。"当时的我，并不知道英雄到底是个什么样的概念，记得电视机里最常放的就是《铠甲勇士》，因此，我脑海里的英雄就是像铠甲勇士一样。可是，长大之后我才发现，英雄们也只是最普通不过的平凡人，没有特异功能，他们只能用自己的身躯和顽强的毅力去与困难做斗争。

在战乱年代，有的人，用自己的血肉之躯为我们的和平年代筑起了最坚实的城墙。落入日军魔掌的赵一曼面对老虎凳、辣椒水、钉竹签等严酷刑讯毫不畏惧，不向敌军泄露任何情报。面对家中年纪尚小的孩子，这位年轻的母亲只留下了一封催人泪下的诀别信。回顾信的内容，我看到了赵一曼在写这封诀别信时怀揣着的沉重的心情，一边是身为母亲的愧疚和对孩子成长的期待，而另一边却是面对凶狠残暴的敌人英勇赴死的决心。我想她勇敢无畏的背后，是一颗炽热的爱国之心。

从战乱频频到现如今的昌盛繁荣，是众多英雄抛头颅、洒热血用性命换来的。再多感谢的言语也诉不清内心的澎湃，我们能做的只有把英雄们的事迹牢刻于心，把坚定的理想信念不断地传承。穿回历史，我想告诉每一位英雄：我们永远不会忘记您！

在那个贫苦落后的年代，有的人，用自己的热血青春为祖国的成长添上了浓重的一笔。二十八个春秋，扎根沙漠，潜心研究，用最落后的设备创造令人惊叹的奇迹。邓稼先离家时青葱少年，归来时白发苍苍，因长年的辐射，回家与妻子相聚一年的静谧时光后便因癌症去世。当蘑菇云在祖国的天空中升起，是邓稼先先生在用自己二十八年的人生岁月告诉全世界中国的无限可能。

我们生活的这个美好而又幸福的时代，是有人用他们的青春和热血为我们创造的。这些英雄前辈的无私奉献、迎难而上的精神会成为最闪亮的灯塔照亮我们的前方。

在这个蓬勃发展的新时代，有的人，留下他们坚定的背影逆向前行！突如其来的新冠肺炎疫情让2020年的春节尤为刻骨铭心，从新闻中听到每天上升的确诊人数和死亡人数的消息让我感受到生命的脆弱。在我们恐惧无助时，有一群人逆向前行，为我们带来胜利的曙光。八十四岁的钟南山老先生奔走各个疫区制定治疗方案，患有渐冻症的张定宇院长隐瞒病情坚守抗疫一线，全国各地医护人员背井离乡前去支援。透过镜头，我们可以看到医护人员被防护镜勒得满是血痕的脸，看到他们被消毒液侵蚀得满是裂痕的手，看到他们奔跑着抢救病人的身影……一幕幕的感人镜头不禁催人泪下。

时光在流逝，时代在变迁，可是唯一不变的是这些令人钦佩的英雄们的爱国之心。历史的车轮还在不断地前进着，时代的接力棒交接到了我们这一代人的手中，也许岁月会把我们所有的尖锐棱角磨平，但是我们的爱国之心却永远不会泯灭，因为我们心中永远铭记着英雄！

（作者系文学与传媒学院2018级秘书学专业学生）

# 致敬英雄，做中国共产党新的接班人

孟祥歌

2021 年是中国共产党成立一百周年。没有共产党就没有新中国，坚持中国共产党的领导是我们不变的要求。我们不仅要在这一年，学好党史，更要在我们成长的过程中，认真学习党史。

俗话说，历史是最好的教科书。党的革命史不能忘记。革命道路的背后是无数共产党员的鲜血和牺牲。“断头今日意如何？创业艰难百战多。”革命的道路既阻且艰，革命代价惨烈而沉重，但共产党人目标明确、意志坚定，在一次次探索、一次次失败、一次次再爬起来中不断取得辉煌的功绩。

在中国共产党领导中国革命、建设的波澜壮阔历史进程中，涌现出无数的英雄模范，他们用鲜血和生命竖起了一座座不朽的丰碑。这些英雄模范中有最早在中国传播马克思主义、对创建中国共产党做出贡献的革命先驱；有担任党的重要领导工作，带领人民群众在黑暗中抗争、在艰难中前行，不惜抛头颅、洒热血的革命前辈；有为了民族独立、人民解放，而慷慨赴难、置生死于度外、浴血战场的优秀指挥员、战斗英雄和国际共产主义战士；有为国家富强、人民幸福，在各自岗位上默默奉献、攻坚克难，做出突出贡献的各领域的模范人物；还有在中国特色社会主义新时代涌现的不忘初心、牢记使命、勇于担当的优秀共产党员的代表。他们无私无畏、刚直正义，是我们不可复制的宝贵财富。

1919 年，五四运动爆发，这是中国近代历史上第一次彻底地不妥协反帝反封建的爱国运动。李大钊同志热情投入并参与领导了五四运动。他在《新青年》发表的《我的马克思主义观》中，系统介绍马克思主义理论，在当时的思想界产生了重要影响。1920 年，李大钊同志在北京大学发起组织马克思学说研究会。同年秋，他又领导建立了北京的共产党早期组织和北京社会主义青年团，并积极推动建立起全国范围的共产党组织。1921 年，中国共产党宣告成立，这是中国历史上开天辟地的大事变，中国革命的面貌从此焕然一新。李大钊同志对中国共产党的创建做出了至关重要的贡献。

李大钊同志虽然惨遭反动军阀杀害，牺牲时年仅三十八岁，但他开创的伟大事业和留下的思想遗产永远不可磨灭，他播撒的革命种子已经在中国大地上生根、开花、结果。正因为如此，今天，我们更加感受到李大钊同志历史眼光的深邃和思想价值的珍贵，更加感受到他革命精神的崇高和人格力量的伟大。李大钊同志永远是共产党人学习的楷模和榜样。

任何一个时代都不缺少英雄。新中国成立后，也涌现了不少的英雄楷模。李四光，中国地质力学奠基人；孟泰，工业战线的老英雄；林巧稚，用一生践行医者仁心的白衣天使；甘祖昌、龚全珍夫妇，是永葆本色的优秀共产党员；马恒昌，新中国爱国主义劳动竞赛的首倡者；马海德，新中国卫生事业的先驱；华罗庚，勇攀科学高峰的杰出数学家；钱学森，中国导弹之父；时传祥，甘当人民的掏粪工；谷文昌，献身荒岛的县委书记。他们敢为人先，无私奉献，将青春挥洒在中国的建设和改革的伟大进程中，英雄前辈为我们铺好了脚下的路，作为当代大学生的我们应不辱使命，拿好手中的接力棒，不忘初心，牢记使命，继续为中国的历史增光添彩。

没有共产党就没有新中国，学好党史，致敬英雄，做中国共产党新的接班人，我们不辱使命！

（作者系文学与传媒学院 2019 级秘书学专业学生）

# 百载光阴弹指过，未应磨染是初心

王佳宇

习近平总书记强调，“全党同志要做到学史明理、学史增信、学史崇德、学史力行，学党史、悟思想、办实事、开新局，以昂扬姿态奋力开启全面建设社会主义现代化国家新征程，以优异成绩迎接建党一百周年。”在重温党史过程中，不断翻看先辈们浴血奋战、初心不悔的忠贞，在先辈们的奋斗征程中坚定我们的信仰，在重温历史中筑牢我们的担当。

以史为基，坚定理想信念。没有共产党就没有新中国，历史告诉我们，以毛泽东同志等为代表的中国老一辈无产阶级革命家胸怀崇高理想，以坚定如磐的信念领导中国人民浴血奋战，扭转了旧中国一盘散沙、任人欺凌的悲惨命运。从新中国成立到改革开放再到如今全面建成小康社会，我们党百年奋斗所取得的伟大成就，不仅充分彰显了中国共产党的领导和社会主义制度的优越性，更是因为我们党从未动摇对马克思主义的信仰。共同的信仰，让共产党人凝聚起来，勇往直前以赴之，殚精竭虑以成之。广大基层干部要从中汲取强大的信仰力量，以更加坚定的信念、更加坚实的步伐，满怀信心地迈进全面建设社会主义现代化国家新征程。

以史为镜，赓续奋斗精神。从抗日战争到解放战争再到抗美援朝战争直至如今，百年党史中涌现出了无数可歌可泣的革命烈士和英雄人物，不论是舍身炸碉堡的董存瑞还是孤身一人与日寇周旋战斗几昼夜后壮烈牺牲的杨靖宇，他们都用实际行动诠释了为人民服务的政治立场、高尚的人格精神、无私奉献的精神品质，体现了共产党员的使命与担当，我们要从党史学习教育中汲取赓续奋斗的精神力量，做到利民之事，丝发必兴；厉民之事，毫末必去。

以史为鉴，筑牢初心使命。百年党史是榜样之光。在我们党的百年奋斗史上，涌现出了一大批可歌可泣的先进模范人物。“两弹元勋”邓稼先，为家乡脱贫事业献出了年轻宝贵生命黄文秀，钟南山为了人民生命安全关键时刻逆行冲上抗疫一线……可以说，中国共产党的历史就是一部气壮山河的群英谱。革命先烈和英雄人物是民族的脊梁，我们要从他们的光辉事迹中树立人生的方向。

我们学习党史就是要铭记建党的初衷和为人民的本源，深刻认识我们党从哪里来、为什么而来、要到哪里去，重温初心使命，坚定信念、忠诚，接受信仰洗礼。从党史学习教育中寻找理论滋养、精神支柱，筑牢思想之魂，补足精神之钙，夯实行动之基，坚定“四个自信”，让理想信念的灯塔指引我们奋勇前行。

信仰之光熠熠生辉、真理之光灼灼其华、榜样之光灿灿如霞。党史光芒闪耀，党史烛照前路。让我们在党史学习教育中，明大理、识大道，强信心、增力量，阔步走向新的伟大征程，共同铸就新的历史伟业。

（作者系文学与传媒学院 2019 级秘书学专业学生）

# 致敬英雄，砥砺前行

胡　睿

中华民族是一个伟大的民族，是一个充满希望的民族，更是一个崇尚英雄，英雄辈出的民族！英雄，是民族的脊梁，是家国的灵魂。英雄的含义很广泛，在战火纷飞的岁月里，舍生忘死、英勇战斗的官兵们；在和平建设的年代中，坚守岗位、兢兢业业的劳模们；在危急紧要的关头，见义勇为、冲在一线的先锋们；还有在新冠肺炎疫情发生之后不顾安危、舍己为人的逆行者们……在新时代，我们不仅要致敬英雄、崇尚英雄、感恩英雄，还要努力继承和发扬其内在精神，让英雄的光辉在如今的新时代依然闪耀。

2020 开年之初，突如其来的新冠肺炎疫情，让神州大地笼罩上一层厚厚的阴霾。它让武汉面临封城的危机，让无数人无法享受阖家团圆的幸福时刻，让无数人饱受病痛的无情折磨。但是我们的国家从来都不缺乏勇士，总是有这样一群人，他们舍小家为大家，逆着奔跑的人流，敢于面对未知的危险，与死神相争，与时间赛跑。在这场疫情面前，他们既是最美逆行者，又是当之无愧的英雄。

武汉封城之后，以往热闹非凡的城市仿佛被按下了暂停键。街道上不再有人来人往、车流如织的景象，校园内不再传来琅琅的读书声，工厂里不再响起嗡嗡的机器轰鸣声。只有医院内依然灯火通明，一个又一个穿梭忙碌的身影，一双又一双被汗水和消毒水泡皱的手，一张又一张被口罩勒的满是印痕的脸……哪有什么白衣天使，不过是一群平凡的人穿上了一件承载着使命与责任的白大褂替我们负重前行。与其说他们是天使，不如说他们是战士，视疫情为敌情，把医院当战场，坚守岗位，任劳任怨，奋战在抗击疫情第一线，就是这样一群有着大无畏精神和钢铁般意志的人再次点亮了武汉的希望之火。

白昼黑夜的施工，火神山医院和雷神山医院的建设凸显大国人民之能。武汉封城的同时，亟须建设新医院来收治病患，面对建设新医院这样艰巨紧急的任务，无数建筑工人团结一心，挺身而出，从全国四面八方赶来，只因一颗牵动着祖国、人民安危的心。在武汉火神山、雷神山两座医院的建设工地上，机器轰鸣，上百台挖掘机、推土机在热火朝天地忙碌着。两座医院能够在短时间内拔地而起，是工人们昼夜不停地施工，坚守在各自的“战场”上，才实现了这样的建筑奇迹，让全世界人民都见识到了真正的中国速度和中国力量。在面对如此紧张和高强度工作的情况下，他们埋头苦干、拼命硬干，用强大的信念支撑自己，他们是最平凡的人，也是最伟大的人！

没有一个国家，能够以如此快的速度做到全面布阵、全民防疫。从中南海日夜不眠的灯光，到民众居家防疫生活的日常，我看到整个中国都在行动，我看到一颗颗中国心正迸发出无穷的力量。将个人安危置之度外，同病毒奋力抗争的医务人员们，日以继夜，合力攻克病毒难关的科技人员们，还有尽职尽责，在前线报道疫情和“战疫”形势的新闻工作者们……抗击新冠肺炎疫情，使中华民族又一次彰显出同舟共济的民族精神，使中国人民又一次凝聚起众志成城的中国精神，这精神表现出来的是高效，是信任；体现出来的是拳拳赤子之心，浓浓人间大爱。没有人生来英勇，只是选择无畏。由衷敬佩那些曾经奋斗在抗击疫情一线的英雄们，因为你们，山河无恙，国泰民安。

有人说，面对这场“战疫”我国一定能赢，我相信，确实结果也是如此。2003 年抗击非典，2008 年汶川救灾，2014 年与非洲埃博拉病毒的对抗，我们无一例外，都是以胜利而告终。胜利的原因在于，当每次危机来临的时候，都会有一批英勇无畏、逆流而上的中国英雄们，带领中国人民不向困难屈服，不被挫折击倒。我们需要更多这样的英雄。跋山涉水试验水稻良种的袁隆平院士，耄耋之年指挥新冠肺炎“战疫”的钟南山院士，无怨无悔投身核潜艇事业的黄旭华院士……这些国之栋梁无一不是我们学习的榜样。作为新时代大学生的我们何其荣幸，在英雄文化的滋养下成长，更需要不断努力、加强学习、砥砺前行，在奋斗路上致敬英雄，崇尚英雄，争做新时代新英雄！如此，伟大的中华民族才将永远是英雄的民族！

（作者系文学与传媒学院 2019 级秘书学专业学生）

# 我们的英雄，我们的星

王　悦

山因脊而雄，屋因梁而固。英雄就是华夏文明这座万仞高山的不屈之脊，英雄就是中华民族这种通天大厦的挺立之梁。我们敬佩英雄，因为他们不畏艰难困苦，不怕流血牺牲，引领我们一步步向前，保护着我们的伟大民族。国因英雄而存，民因英雄而幸福。

回首中国，几千年来，出现了无数的伟大英雄。他们都尽己所能，保护着我们的民族，捍卫着我们的国土。散发着光芒的英雄像天上的星星一样照耀着我们。

2020年注定不平凡，因为突如其来的新冠肺炎疫情，让原本热闹的街道变得寂静得可怕，在人人恐慌，不知所措的时候，英雄出现了。他们身穿防护服，头戴防护罩，拯救了一个又一个生命，让一个又一个家庭恢复了原来的温馨，让我们的国家率先走出了疫情的困境。他们就是我们心中的星。

2020年是中国人民志愿军抗美援朝出国作战七十周年。七十年前，伟大的中国人民志愿军战士不怕强敌，不怕牺牲，满腔热血，肩负着保家卫国的重任，义无反顾地奔赴朝鲜战场。当时的作战条件异常艰苦，我们没有像外国军队那样强大的武器，我们没有先进的作战工具，我们甚至连基本的后勤保障都难以保证，但是我们的志愿军战士有一颗必胜的心和一种舍生取义的精神。

时光飞逝，虽然现在已是和平年代了，但那些逝去的革命英雄们却永远活在我们的心中。他们是新中国最可爱的人，是伟大的英雄，是我们熠熠闪光的星。

然而，却有一些无耻之徒要毁了我们的“脊”和“梁”。时至今日，仍有宵小之辈借“还原真相”“重新评价”的幌子吸引读者眼球。他们大肆宣扬英雄也有不为人知的一面，未见得如书中那般不畏生死心怀大义。最典型的一句话就是“你认为的，这是别人想让你认为的，多了我也不能说了；说了，你也不能懂。”心有龌龊的人端着一副熟谙历史真相的可笑模样，他们最喜欢的便是“清者自清的戏码”。与具有分辨能力的成年人相比，看待事物具有片面性的少年很容易被那些煞有介事的荒谬言论动摇价值观。这不利于社会稳定发展，必须毫不留情地批判和挞伐。

作为新时代的青年，我们不仅要对英雄怀崇敬之心，更要行仿效之事，传承先辈们的赤诚之心与忠义之行。今天，或许不再需要我们在枪林弹雨中抛头颅、洒热血，但落后就要挨打的教训仍历历在目，我们应该做的就是以知识的力量武装头脑，以社会主义核心价值观浸润思想。南仁东先生以天眼探索广袤无垠的宇宙，黄大年呕心沥血为中国开启深地时代，袁隆平躬耕田亩以科研解决粮食问题。珠玉在前，英雄引领，新时代的我们更当奋发有为。

云山苍苍，江水泱泱，英雄之风，山高水长！他们是我们的英雄，我们的恒星！

（作者系生物与食品科学学院 2019 级生物工程专业学生）

# 我心中的英雄

窦亚宁

天地英雄气，千秋尚凛然。没有英雄们的无畏付出，就没有我们今天幸福的生活。在我国的历史上，涌现出无数英勇无畏、无私奉献的人物，如从黑暗中缓缓升起的抗日狼烟，到人民子弟兵与天灾抗衡，到白衣战士与病毒较量，与死神拉锯……中国的崛起始终依靠着一个个平凡而伟大的英雄个体。

1937 年 7 月 7 日，日本侵略军发动卢沟桥事变（七七事变），当地中国驻军奋起抵抗。一部艰苦卓绝的全民族抗战史就此展开，为了我们的民族，无数先烈不畏牺牲，甘愿抛头颅、洒热血，写下了一篇篇可歌可泣的历史诗篇，一部部气壮山河的英雄史！天下艰难之际，我们的先辈英雄们一往无前、奋勇杀敌，为祖国奉献着他们短暂却不平凡的一生。牺牲的价值与意义，历史总会给予它最准确的、最客观的评价。在这些英雄人物身上，充分展现了天下兴亡、匹夫有责的爱国情怀，视死如归、宁死不屈的民族气节，不畏强暴、血战到底的英雄气概，百折不挠、坚韧不拔的必胜信念。

在巨大的灾难面前，有的人选择了退缩与逃避，必然就有人选择了逆流而上，勇往直前。1998 年的洪水，是一次令人难以忘记的灾难，在这场灾难中，却有那一个个奋不顾身的人用自己的血肉之躯筑起一道道人桥，拯救了深陷绝望中的人们。2020 年突如其来的新冠肺炎疫情让全国人民面临严重威胁，中华民族的英雄们再次英勇上阵。钟南山院士，这位十多年前就带领人民抗击非典病毒的人，再次出征，率领一众白衣天使奔赴武汉，与死神展开拉锯和较量。他们坚守在抗疫一线，不眠不休，从死神手中抢下一个又一个鲜活的生命；他们身着防护服、戴着护目镜和口罩，为中国的平安无私奉献，使疫情得到了良好的控制。他们也有家，也有父母妻子，但在家国面前，仍然义无反顾。

习近平总书记说过："一个有希望的民族不能没有英雄，一个有前途的国家不能没有先锋。"在中华民族的历史中，英雄的存在为中华民族贡献了巨大的力量，让我们铭记那些为我们的幸福生活做出牺牲的英雄们，以他们为榜样，心系国家和人民，用知识武装自己，为实现中华民族伟大复兴贡献自己最大的力量。

（作者系生物与食品科学学院2020级生物科学专业学生）

# 平凡的人给我最多感动

马铭阳

“哪有什么白衣天使，不过是一群孩子换了一身衣服，学着前辈的样子，治病救人、和死神抢人罢了……”庚子初年，正是春节，本应阖家团圆、欢声笑语，可一切都被一场突如其来的新冠肺炎疫情改变了。疫情席卷中华大地，人心惶惶，街头巷尾只剩寥寥数人。

每个人脸上的口罩是全国人民共同抗疫的决心。每天通过网络看着确诊病例和死亡病例人数上升的新闻，我焦急、我无奈、我无能为力。我能做的只有管好自己，不到处乱跑，不给国家添麻烦。

在党和全国人民的团结奋斗、共同努力下，我们打赢了这场“战疫”，春天如约而至。但因疫情殉职的众多抗疫英雄，将生命永远定格在了2020年。他们是奋战在疫情一线的白衣天使，是坚守在抗疫战线上的人民公仆、公安干警和志愿者。其中有一大批血气方刚的英雄，他们仅仅有二三十岁。2021年清明时节，举国默哀，上午十点鸣笛声响起，所有车辆停下鸣笛，默哀三分钟。我小时候愚蠢的认为英雄不就是应该拯救人类，造福苍生吗？然而现在才明白：这世上本无英雄，只是善良的人在保护我们的家园。

人性本私，谁都不傻，可他们偏偏选择了先国后己。他们承受磨难为国家带来安康。他们选择做这样的一批人，他们就是英雄，我们永远的英雄。数年之后，我们可能已经淡忘了这场灾难，我们也不会记得每一个抗疫英雄的名字，但是未来城市里的每一抹光都会有他们的存在。他们会被写入历史。

没有人是一座孤岛，时代的一粒灰，落在个人头上可能就是一座山。愿山河无恙，人间皆安。以后不再嫌弃人山人海，因为那样才是民安国泰。

（作者系生物与食品科学学院2020级生物科学专业学生）

# 一曼啊，旌旗已红似花

张馨月

红衣与白马，鲜血筑年华。一曼啊，你看，这江山已如画，这旌旗已红似花。

最近忽冷忽热，你受伤的左腿骨，阴天的时候还难受吗？我很想你，所有的中国人，都很想你。

我想我第一次认识你，是在你给孩子的家书里。那是你最后一次，用尽所有的爱意去唤，宁儿啊。在这场壮烈的告别里，你只是说，不用千言万语来教育宁儿，你用实行来教育他。

你用血肉铺路，你用灵魂燃灯。

我想对你说，韶华正当时，你是光荣的。

四川宜宾，是万里长江第一城。1905 年，你出生在这里，一出生，就是个倔强的丫头。当地流传着你的传说，你用柴刀砍掉裹脚布，用藿麻撵走媒婆，刚烈的性子连你父亲都笑着摇头。

你只是眨着灵动的眼，一点点长大。求学时，你加入了抵制洋货的行列，大街小巷宣传，我能想象到你拿着报纸奔波的样子。青春的你，是我心中美好青年的样子。韶华正当时，1926 年，你二十一岁光荣加入中国共产党。同年 10 月，你考进了黄埔军校。

1927 年，你前往莫斯科中山大学求学，与你的先生相识，在第二年，你奉命回国。于冬天生下了你最爱的孩子——宁儿。一曼，你本可以继续为党效力、为国效力，陪伴宁儿长大，这是你的梦想，可是，1931 年 9 月 18 日，来得太快了。

可一曼啊，我深知，你不会后悔，国难当头，你早已将“小我”融进了“大我”。

东北的冬天是极寒的，不知道你北上时衣物带的足不足。我曾读到那段历史，1931 年的东北，在日军踏过的铁蹄之下，昏天黑地。一曼，二十多年了，你还是那个刚烈的丫头，闭上眼，我好像能看到挺直背脊的你。你一步一步，带着坚定的信念，踏过雪，越过山，远离巴山蜀水，在白山黑水中带领同志们与日寇作战。

1935 年，战士们亲切地称呼你为“我们的女政委”。挎双枪，骑白马，东北的这几年，你远离家乡，远离家人，但是你的英勇与智慧，在东北家喻户晓。一曼，我好想看看那时的你。有人曾这样写道：“赵一曼女士，是一个略显瘦秀且成熟的女性，在她身上弥漫着拔俗的文人气质和职业军人的冷峻。在任何地方，你都能看出她有别于他人的风度。”

一曼，当你被惨绝人寰的日寇俘虏、审讯、拷打时，就算还有一口气，你也要用充满恨意的目光看着这些侵略者；就算身体被钢钉刺穿，也绝不会低下头颅投降；就算牙齿被一颗一颗拔光，也要从胸腔里发出声音，告诉他们——我的目的、主义、信念，就是——反满抗日。除此之外，他们没有在你这里得到任何情报，那几个月里，你什么都没说。

为了得到口供，他们将你送往医院。你喜欢丁香花，当时的护士韩勇义折丁香花来放在你病床边的花瓶里。你躺在床上，经常说起你与抗联的战士们在山林里休息，远方的钟声传来，传得很远很远，士兵们唱起歌，你也跟着唱。或许你不是一个严肃的女政委，你只是一个川丫头，前来与东北的家人们一起为国战斗，你珍惜每个战士，你守护每一寸土地。

“一世忠贞兴故国，满腔热血沃中华。白山黑水除敌寇，笑看旌旗红似花!”在去往刑场的路上，你默念着这首自己作的《滨江抒怀》。1936 年 8 月 2 日，你拿起笔写道：“宁儿啊，母亲对于你没有尽到教育的责任，实在是遗憾的事情。宁儿啊，在你长大成人之后，希望不要忘记你的母亲是为国而牺牲的!”

珠江县，那天天很阴。屠刀没有让你惧怕，子弹没有让你后退，你昂首走过去，呼喊着：“打倒日本帝国主义！中国共产党万岁！”

一曼，你走了。一曼，你永远不朽。

今天，我想对你说：“这盛世，我想邀你来看看。”

“纵使无人知我，我将清澈的爱献给祖国。”一曼啊，不，李坤泰女士，你为了迷惑日军，隐藏了你真实的一切。我曾有幸来到哈尔滨，当我走在一曼街的时候，我想到你在这里战斗过，我脚步放轻了。我想到你在受刑的九个月里，在那暗无天日的牢房，我的泪在心里翻滚。一曼啊，你的红衣，如你的精神，照亮在中华大地上。

一曼，你看到了吗？

你看到中华民族抗战胜利了吗？

你看到我们如今已经屹立于世界了吗？

你看到你的一代又一代的青年们从未恐惧，欣然奔赴征途了吗？

你看到如今中国共产党建党一百周年了吗？

你看到像你一样的青年们，带着永不磨灭的信仰，在抗疫一线舍生忘死，在边境之地保家卫国，在脱贫攻坚的路上不曾停歇了吗？

一曼啊，我想让你看到今日的中国，今日的中国共产党，已如你所愿。

一曼，我真想让你看到，让你知道，我们都很想你。我知道你没有离开，你只是化成指引我们不断前进的永不熄灭的光。

一曼，你放心，为国、为党、为民添砖加瓦，我辈欣然赴之，无上光荣。

一曼啊，旌旗已红似花，丁香花，也开放了。

（作者系文学与传媒学院2018级新闻学专业学生）

# 激扬的青春献给党

高银笛

回首中国共产党百年峥嵘岁月历史，是一代代共产党人用青春和热血谱写的。再回首这漫漫百年征途，那是中国共产党鲜红而又热烈的历史。“以史为鉴，可以知兴替。”从五四运动到南昌起义，从抗日战争到解放战争，从新中国成立到改革开放，一部党的百年历史画卷向我们徐徐展开……

在党的建设初期，人们在救亡图存的道路上不断摸索着寻找属于新中国的希望之光。然而发展的道路总是曲折的，无论是地主阶级中的开明人士，还是农民革命领袖，无论是资产阶级改良派，还是革命派，都无一例外的失败了。

五四运动后，党的革命号角在这片华夏大地上吹响，必胜的决心雷动在中国共产党人的心中。在 1921 年 7 月 23 日的夜晚，中国共产党第一次全国代表大会在上海法租界望志路 106 号（现兴业路 76 号）拉开了帷幕。这是近代中国发展历史的选择，是中国亿万同胞和人民的选择，是近代中国革命历史上划时代的里程碑。就这样一颗伟大的“种子”在华夏大地上破土而出，中国共产党的诞生使中国革命的面目焕然一新。自此，中国共产党肩负起了为着中华民族和全国人民利益而奋斗的使命，挑起了历史的重担向着希望之曙光前进！

“魂魄托日月，肝胆映河山。”穿越历史云烟，我看到了革命先烈浴血奋战，披荆斩棘的场景——有经历了残酷折磨仍然守口如瓶的赵一曼，就连穷凶极恶的敌人都这样形容她：“无论用什么手段都无法摧垮其坚强的意志，其最后的表现，不愧为一个共产党大人物的尊严……”。还有为保任务完成，任凭烈火烧焦头发和皮肉的邱少云，他曾在入党申请书上这样写道：“为了世界革命，为了战斗胜利，我愿意献出自己的一切！”是的，他做到了！更有在被捕入狱后仍心系党和国家的方志敏，他说：“一个共产党员，应该努力到死，奋斗到死。”然而也正是因为有了他们大无畏的精神和无所畏惧的共产主义理想信念，才换来了我们现如今的和平与安定，才换来了中国的国泰民安。

从 1921 年至今，中国共产党已经走过了百年的风霜雨雪，百年的历史向世界、向人民证明了中国共产党是富有革命创造精神的党，是经得起考验的党，是中国实现民族独立与人民解放、国家富强与人民富裕的坚强领导核心。从“一国两制”的提出到香港和澳门的回归，从毛泽东思想到习近平新时代中国特色社会主义思想，都证明了中国共产党在中国的执政地位是历史选择和人民选择的结果。

征途漫漫，唯有奋斗。古有长征的工农红军飞夺泸定桥，今有抗疫战士日夜奋战于一线，而作为新时代的退役大学生，两年前走进军营的那一刻，我看到的、听到的就是“听党指挥”。“金星闪耀在军旗上，我们的原则是党指挥枪……”唱出的是人民子弟兵们的共同心声。一个人找到和建立正确的信仰并不容易，用实际行动捍卫信仰更是一辈子的事情，我还依稀记得新兵连自我介绍时我说的那句：“我希望一辈子留在这里。”现如今，我虽然脱下了那身橄榄绿的军装，离开了我所挚爱的部队，退役复学并没有让我忘记党赋予我的嘱托。作为一名退役大学生，作为一名思政人，作为一名师范生，我坚信我应更笃定地接过先辈们的历史接力棒，在党领导的旗帜下，为华夏大地再谱新篇章，再创新辉煌，将我那激扬的青春献给中国共产党、献给国家、献给人民！

（作者系马克思主义学院 2019 级思想政治教育专业学生）

# 最可爱的人

申宗昂

据中央广播电视总台《国防时空》节目报道：2020 年 6 月，在加勒万河谷地区外军公然违背与我方达成的共识，悍然越线挑衅。按照处理边境事件的惯例和双方之前达成的约定，新疆军区某边防团团长祁发宝本着谈判解决问题的诚意，仅带几名官兵前出交涉，却遭对方蓄谋暴力攻击。祁发宝组织官兵一边喊话交涉，一边占据有利地形，与数倍于己的外军展开殊死搏斗。增援队伍及时赶到，官兵们奋不顾身、英勇战斗，一举将来犯者击溃驱离。外军溃不成军，抱头逃窜，丢下大量越线的伤亡人员，付出了惨重代价。在前出交涉和激烈斗争中，团长祁发宝身先士卒，身负重伤；营长陈红军、战士陈祥榕突入重围营救，奋力反击，英勇牺牲；战士肖思远，突围后义无反顾返回营救战友，战斗至生命最后一刻；战士王焯冉，在渡河前出支援途中，拼力救助被冲散的战友脱险，自己却淹没在冰河之中。

那场战斗后，“宁将鲜血流尽，不失国土一寸”被很多官兵自发写在了头盔里、衣服上，刻印在青春的胸膛里。

那场战斗后，陈祥榕所在连队斗志更加旺盛，服役期满的士官主动留队，所在团义务兵踊跃申请选取士官继续战斗。

那场战斗后，王焯冉所在团十八名女兵三次请战，她们在请战书中写道：“愿同男兵一样英勇战斗，甚至流血牺牲！”

捍卫着英雄誓死捍卫的国土，肩负着英雄用生命践行的使命，一股“学英雄、当英雄”的热潮涌动喀喇昆仑高原。

海拔五千多米的高原，“进藏先遣英雄连”连旗迎风招展。连旗下，全连官兵庄严宣誓：向王焯冉烈士学习，发扬“先遣精神”，坚决完成边防斗争任务。

那天，王焯冉和战友马命等连夜渡河增援一线，第四次蹚河时有人被激流冲散，王焯冉和马命拼尽全力将三名战友推上岸，自己却被冻得几乎失去知觉。

突然，王焯冉一只脚被卡在了水下巨石缝中。危急时刻，他将马命猛地推向岸边：“你先上，如果我死了，照顾好我老娘！”马命获救了，王焯冉却永远倒在了刺骨的激流中。

看到祁发宝受到攻击重伤倒地，营长陈红军当即带着官兵，冲进“石头雨”“棍棒阵”营救团长。

听到有人喊“营长连长被围攻了”，陈祥榕迎着对手冲去，用身体和被砸坏的盾牌护住营长连长。

发现还有战友被围攻，肖思远再次冲向前去，拼死营救战友，用身体为战友遮挡石块、棍棒的攻击。

中央军委授予祁发宝“卫国戍边英雄团长”荣誉称号，追授陈红军“卫国戍边英雄”荣誉称号，给陈祥榕、肖思远、王焯冉追记一等功。

我们的人民子弟兵是热爱和平的部队，也是珍惜和平的部队。但是，在真刀真枪的斗争中，涉及原则性和实质性利益的时候，该斗争的，我们会毫不犹豫地亮剑。

（作者系历史文化学院2019级文化产业管理专业学生）

# 栏杆拍遍，冰心可见

张锦钰

地球，这个在银河系中的蓝色微小颗粒，她有十分之七是海洋，十分之三是陆地。在那一块块的陆地上，最大的那块叫亚欧大陆，而亚欧大陆上镶嵌着我们美丽的家园——中国。从尧舜禅让举贤到中华人民共和国的成立，再到21世纪的今天，生活在这片广阔土地上的人们从来都没有停止过对世界的追求与探索，创造了一个又一个伟大的奇迹！

“入则无法家拂士，出则无敌国外患者，国恒亡。”历史的幸运从来不会眷恋任何一个国家，我们的国家从来就不是一帆风顺的。1840年鸦片战争的炮声打破了清王朝“天朝上国”的美梦，曾经雄踞世界发展之巅的古老中国，从高位跌落，沦为任列强宰割的羔羊。坚船利炮荡涤了中国曾经拥有的辉煌，使其一步步堕入了战争的苦难深渊，从此，我国开始了救亡图存的抗争之路。洋务运动、戊戌变法、辛亥革命、抗日战争……无数义士英雄为扶大厦之将倾，不惜遍拍栏杆，用血泪换明天，以性命博未来！

“将军百战死，戎马倥偬，一腔热血战倭寇。”1940年5月，枣宜会战，张自忠将军率兵作战，在日军的层层包围之下，国军伤亡惨重，张自忠将军力战而死，壮烈牺牲，一代将星至此陨落，但他保家卫国、誓死不屈的精神，却成为中华民族自强不息的永恒力量。

战争年代曾有那么一群人，打入敌人内部，做着秘密情报工作，在敌人心脏处斡旋。他们在无声无息中消亡，连一朵浪花都没有激起，连个名字也没有留下，对于他们而言，谍报工作的职业使命就是牺牲，因为只有那样才可以无所畏惧。这是地下工作者的悲哀，也是他们的伟大之处。

以身殉道，开红色道路。卢德铭在秋收起义中担任总指挥，在遭到敌人猛烈的攻击后，他挺身而出掩护部队前进，被一颗子弹击中右胸，壮烈牺牲。卢将军用生命告诉了我们，中国不能照搬苏联模式，城市包围农村的道路在中国是行不通的，我们的军队必须走农村包围城市，武装夺取政权之路，将星星之火燃遍祖国大地。

以笔为戈，共克时艰。面对落日苍凉、万里欲尽的国土山河，梁启超、鲁迅、闻一多等人以笔为戈，抨击时政，用文章敲醒麻木的心灵，用字句唤醒沉睡的中国，他们在山河破碎之际，奔走呼号，为中国的明天，民族的未来而奋斗。

中国自古以来，就有埋头苦干的人，有拼命硬干的人，有为民请命的人，有舍身求法的人……他们就是中国的脊梁！

当一场灾难过去，当英雄被刻入石碑，我们应该考虑的是如何让遗憾和悲痛不再重演。“愿中国青年都摆脱冷气，只是向上走，不必听自暴自弃者流的话。能做事的做事，能发声的发声，有一分热，发一分光，就令萤火一般，也可以在黑暗里发一点光，不必等候炬火。此后如竟没有炬火，我便是唯一的光。”中国少年的肩膀，就应该担起家国兴衰之责，要对得起清风明月、朗朗乾坤，也要养浩然之正气，立天地之间，就要继往圣之绝学，行九州之陌，便要为万世开太平！

（作者系历史文化学院2018级历史学专业学生）

# 学史力行，争做当代英雄

阴红倩

今年是中国共产党百年华诞，开展党史学习教育活动正当其时。广大党员要主动翻开“党史书”，用心上好政治理论、理想信念、德行修养、知行合一四门“功课”，为展现新气象、实现新作为做足准备。

孔子曰：“人能弘道，非道宏人。”曾子说：“士不可以不弘毅，任重而道远。”然而，在这所谓的道义背后，在一桩桩英雄事迹之中，始终有一个千年不变的精神内核存在。

通过学党史，我们了解了在抗日战争时期，战火纷飞的年代，倭寇践踏国土，我们只有紧抓民族大义，驱逐鞑虏，才能突出重围，振兴国家。三省沦陷，内战频繁，我们面临着做“亡国奴”还是浴血抗争的艰难选择，张学良、杨虎城选择与中国共产党联手，扯起民族大义的风帆，毅然发动西安事变，促成国共合作，并力抵抗日寇，最终迎来了抗战胜利的曙光。这些既证明了自己，也赢得后人由衷的钦佩。

通过学党史，我们可以发现，国家遭遇自然灾难，我们心系灾区同胞，众志成城，才能共建家园。2008 年汶川地震，转瞬间天崩地裂，高楼倒塌，良田被毁。厄运接连降临在中华大地上，带给中华儿女无限的苦愁，但是中华儿女没有害怕，也从未畏惧过。在党中央领导下，“一方有难，八方支援”，中国人民的心连在一起，必在废墟上建成一个更美好的家园！

通过学党史，我们可以发现，国家在生死面前，不会放弃每个城市，不会放弃每一个中国人民。在过去的 2020 年，一场突如其来的新冠肺炎疫情让中国人民遭遇猝不及防的灾难阻遏。这次疫情是对我国治理体系和能力的一次大考，也是对中国共产党的领导的一次大考，越是关键时刻，越要坚持中国共产党的领导，越要认清共产党员的责任使命，展现共产党员的担当作为。

武汉是一座英雄的城市，这里属于春秋战国时期的楚国，楚庄王就曾问鼎中原；还有后来那句霸气的楚虽三户，亡秦必楚；三国孙权修筑了军事瞭望台、黄鹤楼，让武汉成为当时三国争霸的最前线；南宋抗金大英雄岳飞驻扎武昌八年，在这里兴师北伐；清朝辛亥革命在武昌打响了第一枪，在武汉建立了第一个民主共和的政府；抗战期间保卫大武汉，长江战场上有一百万军队，在武汉浴血奋战；还有1998年，武汉遭遇特大洪水，当时军民一心抗洪；今年的这次疫情，武汉壮士断腕，众志成城封城一个多月。在此次疫情中，在党的领导下，我们取得了最终的胜利。

我们要牢牢的记住那些默默奉献的英雄——逆行者。他们有的是医护人员，是建设者，是军人，但他们也是普通的一员，是血肉之躯，他们也是为人子、为人妻、为人父母。年三十儿，每个人都想与家人团圆，但他们舍小家为大家，在危难时刻，他们挺身而出，毅然在人群中选择负重前行。“你平安回来，平安回来，我包一个月的家务”，这是一位丈夫送妻驰援武汉时喊的一句令人动容的话；“来武汉后，我特别羡慕党员们说‘我是党员，我先上’”，这是一位“90后”护士所说的一句话。这样的故事其实还有很多。除夕，在这个本该与家人团圆的日子，各地医疗队伍纷纷向祖国递上了“请战书”，这里有许多“90后”，他们请求祖国批准驰援，一份份“请战书”上按下的鲜红指印，代表着他们战胜病魔的坚定决心。

我曾经看到过这样一句话：“哪有什么英雄，不过是一群孩子，换了身衣服，学着前辈的样子，冲在前面罢了，负重前行的人们，身穿白色大褂，坚守前线，不辞辛劳，只为将生的希望送给别人，把死的危险留给自己，护你生活平安，许你岁月静好。”这就是当代中国青年人拥有的觉悟和担当，他们真正做到了“学史力行”。

“学史力行”最重要的还是行动，在“学史力行”中彰显担当作为，必须在听从中央号令上雷厉风行，在岗位上履职尽责大显身手，在为群众办实事上尽心竭力，在提升自身修养上走在前列。学以致用，方为学。学得深、悟得透，干工作才有底气；结合所学抓实工作，才能检验学的成效、巩固学的成果，进而推动学习教育往深里走，往实里走。学习教育效果如何，关键在用，学党史最终要落到办实事、开新局上。要通过党史学习教育，我们应加强党性锤炼，砥砺政治品格，践履知行合一，不断增强实际工作水平，将学习成果转化为办实事、开新局的强大动力和智慧经验。

纸上得来终觉浅，绝知此事要躬行。现在的青年人就应该有这样的觉悟，向逆行者学习，学习他们干实事的思想，学习他们义无反顾的行动，学习他们无私奉献的精神。我们应该在实践中摔打磨炼，在为群众办实事中增长才干。只有经受实践检验与苦累考验，我们的肩膀才能越磨越硬，才能扛起重担子，在实践的土壤中得到最扎实的历练，并且我们也不能一味地喊口号，要从当下做起，从现在的小事做起，勿以恶小而为之，勿以善小而不为，我们应该学史力行，争做当代英雄！

（作者系历史文化学院 2017 级历史学专业学生）

# 学史力行，向英雄致敬

冯 卓

有人说，英雄是山脊，是屋梁。山因脊而雄，屋因梁而固；同样，国因英雄而存，民因英雄幸福。一个有希望的民族，不能没有英雄。我们敬佩英雄，因为他们不畏艰难困苦，不怕流血牺牲引领我们一步步向前。

几千年来，无数的伟大英雄尽己所能，保护着我们的民族，捍卫着我们的国土，散发着光芒的英雄照耀着我们。英雄，更像是天上的星星，有棱有角、发光发热。

2020 这一年，注定不平凡。一场突如其来的新冠肺炎疫情让原本应该是热闹的街道变得寂静得可怕，在人人恐慌，不知所措的时候，英雄出现了。他们身穿防护服，头戴防护帽，拯救了一个又一个生命，让一个又一个家庭恢复了原有的温馨，让我们的国家率先走出了疫情的困境。他们为我们抗击病毒，他们就是英雄，他们就是我们心中的星！

2020 年是中国人民志愿军抗美援朝出国作战七十周年。七十年前，伟大的中国人民志愿军战士，不怕强敌，不怕牺牲，满腔热血，肩负着保家卫国的重任，义无反顾地奔赴朝鲜战场。他们不顾一切，他们只想赢得胜利、保卫祖国。当时作战条件异常艰苦，我们没有像外国军队那样的先进武器，也没有先进的作战装备，甚至连基本的后勤保障都难以保证。但是我们的志愿军战士有一颗必胜的心和一种不怕危险迎难而上舍生取义的精神。他们是新中国最可爱的人，是伟大的英雄，是我们熠熠闪光的最亮的星。

然而，对这些照亮中国夜空的璀璨的星星，总有那么一些人别有用心地质疑，心怀叵测地曲解。有一篇文章甚至煞有介事地对革命英雄邱少云被火活活烧死，进行分析，认为这是假的。但是任何一个有思想的人，任何一个有信念的人，任何一个真正崇尚英雄的人都不会接受他们的无耻谰言，甚至对他们的这种论调，都让我们无比愤慨。

这些英雄们像星星一样把光慷慨地照向我们，保卫着我们伟大的祖国，我们才能生活在和平盛世之中。我不能发誓，我能爱他们多久，但是只要有呼吸，有心跳，这份爱就永远不变。

“桐花万里丹山路，雏凤清于老凤声。”作为新时代的青年，我们不仅要对英雄怀崇敬之心，更要行仿效之实，传承先辈们的赤诚之心与忠义之行。21世纪的今天，或许不再需要我们在枪林弹雨中抛头颅、洒热血，但落后就要挨打的教训仍历历在目，我们应该做的就是以知识的力量武装头脑，以社会主义核心价值观浸润思想。南仁东先生以天眼探索广袤无垠的宇宙，黄大年呕心沥血为中国开启深地时代，袁隆平躬耕田亩以科研解决粮食问题，珠玉在前，英雄引领，新时代的我们更当奋发有为、践行使命担当。

云山苍苍，江水泱泱，英雄之风，山高水长！

（作者系历史文化学院2018级历史学专业学生）

# 感受英雄魂，争做新青年

赵亚楠

回顾历史，我们国家拥有几千年的璀璨，也有着百年屈辱，从签订《南京条约》开始，中国在衰落的道路上越走越远，从九一八事变、卢沟桥事变，再到震惊世人的南京大屠杀，中华民族曾经危在旦夕，在这生死攸关的时刻，无数的革命烈士和仁人志士，经历了血与火的洗礼，终于取得了中国革命的伟大胜利。

在国家利益被外国侵犯，民众权益受损的年代，英雄们挺身而出，1921 年中国共产党诞生了，从它诞生的那一刻起就注定了它的不平凡。南陈（陈独秀）北李（李大钊）相约建党，为中国注入了一丝光明。鲁迅冒着生命危险揭露政府的丑恶嘴脸，他们虽是文人，不能上场打仗，但他们以笔为武器，写出了一篇又一篇的经典文章，抨击敌人；无数的革命志士寻求着救国救民的办法，在面对敌人的刀枪，面临死亡来临时，依然从容不迫，慷慨赴死，他们的名字永远留在我们的心中。直到今天，我们还记得并缅怀那些英雄。但令人伤心的是还有许多英雄，他们没有名字，没有墓碑，没有人知道他们因何而死，他们甚至被人遗忘，到今天如果不刻意去探寻，根本就不知道这些人，他们也是我们的英雄。正是因为有这样一群英雄们，正是因为他们抱着一种“愿以吾血浇吾土，换山河如故”的崇高信念，我们的民族，我们的国家才得以存活下来，他们的精神永远感动着我们，永远激励着我们。

我们现在生活在一个和平的年代，不再有战争，不再担惊受怕，新中国成立七十多年的历程，出现了无数的英雄。在科学研究领域中，从不缺少默默奉献、潜心钻研的英雄，他们在自己的工作岗位上兢兢业业，数十年如一日的进行研究，比如我们熟悉的“杂交水稻之父”袁隆平，古稀之年还在钻研；“拼命三郎”黄大年，为科研呕心沥血，倒在了工作台上；还有钟南山院士，在新冠肺炎疫情发生后，毅然决然的奔赴疫区查看病情，告诫世人做好防护措施，危急关头钟南山院士的坚守，令人动容。

他们是国家的功臣、人民的楷模、新时代的领跑者，英雄不仅仅有这些人，还有许多平凡普通的人。那些响应国家号召，走在扶贫路上，为扶贫事业而付出心血，甚至牺牲的人，比如黄文秀；抗击新冠肺炎疫情时，医生和护士，不曾有过半分的犹豫，守护在病床前，全国各地支援武汉的志愿者们，他们在危机时刻成为国家的脊梁；危急关头保护了四个孩子的李芳，用自己的身躯为学生筑起了一道安全屏障；即使条件艰苦，依然选择戍守边疆，不曾有过半句怨言的戍边战士们；天津爆炸事件中，年轻的消防员忍受毒气的侵袭，冲进烈焰之中，谱写了一曲可歌可泣的壮歌。这些人很普通，可他们用普通的人生做出了不平凡的事情。

郁达夫说：“一个没有英雄的民族是不幸的，一个有了英雄却不知敬重爱惜的民族是不可救药的。”今天，我们向英雄致敬，提倡学习英雄，就是为了纪念他们，让他们被更多的人知道，我们可以了解那些伟大的人物，知道我们现在的美好生活得益于英雄的付出，让我们对英雄心怀敬意，将这种信念传递给身边更多的人。同时，作为青年学生，我们要向这些英雄人物学习，不断增强自身本领，尽自己一份微力，建设盛世之中华。

（作者系历史文化学院2020级历史学专业学生）

# 学史力行，向英雄致敬

苏清一

在2020年的春节期间，突如其来的新冠肺炎疫情，给人们带来了一场灾难。一如既往的春节，没有聚餐、没有旅行、没有丰富多彩的庆祝活动，但人们没有为此而消极怠惰，全国人民团结在一起，打响了一场新冠肺炎疫情的防疫战。

习近平总书记指出："各地区要压实地方党委和政府责任，强化社区防控网格化管理，采取更加周密精准、更加管用有效的措施，防止疫情蔓延。"

"敌军部队"全员身穿"隐形战衣"，看不见摸不着。但在中国人民的努力下，它们的"隐形战衣"仍然被我们在高倍电子显微镜下发现。它们有着能危及人生命的能力。它们一旦入侵人体内部，就会侵占你的肺部，然后引起咳嗽、发烧、呼吸困难等症状，最后直接威胁我们的生命。更令人恐怖的是，它们的攻击速度，经过唾液、呼吸，就可以侵入人体内部在身体里占有一席之地。

但是，中国人民永远不会屈服，及时吹响了集结号，全国人民上下一心抗击疫情，众志成城开始了抗击疫情的攻坚战。

随着疫情的不断蔓延，广东、重庆、西安、江西、北京等地的医护人员纷纷立下战书，志愿与疫情抗争到底。

从八十四岁高龄的钟南山院士亲赴武汉到十五位医护人员感染病毒，再到梁武东医生的牺牲。医护人员在这场没有硝烟的战争中，不计报酬、不论生死、不断冲锋陷阵。他们是白衣天使，以国家所需，以人民的生命为重。他们同样是一个平凡的人，只是被披上了承担使命的外衣。让我们向全国各地依然坚守岗位的医务工作者，致以最崇高的谢意与敬意！

虽然有医护工作者的不断努力，但疫情仍然没有得到很好的控制。因此，雷神山、火神山医院的建设成为人民最关注的焦点。参与建设的建筑工人们知道自己在同死神赛跑，因为他们明白医院建设越快，全国人民就能更早获得一份保障。最后，经过了十几天的接续奋斗，雷神山、火神山医院建设完工，处于焦灼中的人民终于获得了庇护所。当雷神山和火神山医院收纳病人的时候，这个消息是多么的振奋人心、多么的令人欣喜若狂。

在这次没有硝烟的战场上，还有着我们普通民众的身影，在疫情范围不断扩大的情况下，普通民众们也付出了不少的心血，主动投身于抗疫一线做志愿者。有的武汉人民检查出并没有任何问题，本可以回家与亲人团聚，但在家人面前，却主动选择在医院中担当志愿者，避免出去后，感染了其他人员。

看到这些，我感恩那些辛苦付出的英雄们，致敬那些为国捐躯的烈士们。他们是我们的英雄，他们是祖国的英雄，他们是世界的英雄。

（作者系教师教育学院2020级小学教育专业学生）

# 百年奋进新时代

王维维

一百年风雨兼程，一百年辉煌伟业。我们迎来了中国共产党百年华诞，身处这盛世之中，为我们的新中国献礼怎能少了对英烈们的悼念与缅怀？因为这盛世来之不易，它是千千万万的烈士用鲜血换来的。我们一定要铭记烈士们的遗愿，永志不忘他们为之流血牺牲的伟大理想，而这个大理想将成为我们新时代奋进的指路明灯。

中国共产党在国家危难中产生，又在困境中崛起，带领中华民族创造了一个又一个中国奇迹。新中国成立后，广大党员在中国共产党的领导下，克服外界封锁的重重困难，发挥先锋模范作用。1978 年，党的十一届三中全会的召开，开启了改革开放的新时代。从农村到城市，从东部到西部，从沿海到内陆，从经济到政治、文化等各个领域，社会面貌焕然一新，呈现出一派繁荣景象。

“长眠的英雄化作不朽，英雄的壮举载入史册。”无数中国共产党人为争取民族独立解放、国家繁荣富强和人民的幸福自由而献出了宝贵的生命。如今革命烈士的丰碑高高矗立，气势恢宏，它是中华民族的精神缩影，记载着先烈们的丰功伟绩，衡量着人生的真正价值。他们走了，但他们的事迹会化成永不磨灭的丰碑，高高伫立在我们每个人的心中，让这新的时代闪烁着独特的伟大光辉。

“青山埋忠骨，碧血染红旗。”从南湖红船到八一枪声，从井冈山号角到长征壮歌，从抗日烽烟到建国大业，这是中国共产党百折不挠、艰辛求索的伟大历程。胸怀救国救民的崇高理想，肩负开天辟地的历史重托，中国共产党高举马克思主义真理的火炬照亮黑暗的旧中国，点燃新中国黎明的曙光，他们不畏牺牲，只因心中拥有坚定不移的信念。忆往昔峥嵘岁月，浸满多少屈辱的泪水，数十年抗争又流尽了多少中华儿女满腔热血。这期间涌现出了一批历史人物、革命先辈和战斗英雄，有写下就义诗“砍头不要紧，只要主义真”的夏明翰烈士，有毛主席挥笔题词“生的伟大，死的光荣”年仅十七岁牺牲的刘胡兰烈士，有面对刑具毫无惧色的江姐……正是有了千千万万心怀共产主义信念的共产党员、革命先辈，有了他们牺牲个人、追求真理的大无畏精神，才换来了我们今天的幸福生活。

“中华儿女多壮志，且看白袍战沙场。”新冠肺炎疫情发生以来，习近平总书记亲自指挥、亲自部署，以“始终把人民群众生命安全和身体健康放在第一位”的责任担当，统筹全局、洞察枢机，医护工作者们以人民至上的真挚情怀和果敢勇毅的雄伟魄力筑起坚不可摧的抗疫防线，有效遏制了疫情扩散。他们来时冰天雪地人心惶惶，因为他们，才有了春暖花开，国泰民安。春天如约而至，而他们却未如约归来。哪里有什么岁月静好，不过是有人替你负重前行。那些医护人员像一盏明灯，照亮了看似无边无际的黑夜，温暖了整个寒冬。一个丹柯倒下了，千千万万个丹柯又前赴后继地站起来。抗疫英雄用责任诠释对党的忠诚，对人民的责任，可歌可泣。

战争年代，英雄们抛头颅、洒热血，奋不顾身穿梭于枪林弹雨，为民族独立，人民解放前仆后继；和平年代，他们舍小家，顾大家，义无反顾投身于建设大潮，为国家富强，人民幸福披荆斩棘。英烈虽已逝去，但其精神将永远激励我们投身祖国建设。

一百年艰苦卓绝，一百年荣耀辉煌。没有共产党就没有此刻的新中国。我们的党正走在新世纪的征途上，她激励着我不断向前、向前、再向前！一百年的光辉历程，走出了一条亘古不变的真理：中国共产党是时代的中流砥柱，是中华民族的脊梁。我相信，在党的领导下，我们的祖国将一天比一天强大，一天比一天繁荣。

历史的尘烟，掩盖不住世纪的风雨，星星之火可以燎原，无数先驱者已将希望的种子撒向人间，绽开了一片烂漫的红色。作为一个中国人，我深深的为我们欣欣向荣的国家感到荣耀、为我们不断求索、不断前进的伟大的中国共产党感到骄傲，更为能够投身充满机遇和挑战的现代化建设感到自豪。

这盛世如你们所愿，这盛世里有你有我，你们的名字不曾被世人忘却，你们的生命也不曾停止，让我们致敬英烈，信念不变，党魂不灭，秉承英雄遗愿，砥砺前行，继续谱写下一个百年华章。

（作者系教师教育学院 2020 级小学教育专业学生）

# 传承红色基因，致敬时代英雄

吴 博

时光荏苒，白驹过隙。蓦然回首，中国共产党从诞生至今，已经走过了百年的光辉历程。这是我们党探索救国图强真理、开辟民族独立和民族振兴道路的百年，是我们党不断发展壮大、以实际行动和辉煌业绩赢得人民群众拥护的百年，是我们党励精图治，牢记初心和使命带领我们奔向小康之路的百年。

“以史为鉴，可以知兴替；以人为鉴，可以明得失。”纵观我们党发展的百年历程，始终存在着这样一群人，他们拥有为了实现理想而取得的伟大成就，更主要的是他们给后人一种值得瞻仰的不朽精神，激励着后人不断前进，不断超越。他们就是我们心中的英雄，我们需要英雄，时代需要英雄，只有崇尚英雄，才能给我们指明前进的方向。

科学界从来都不缺少英雄，古稀之年还在苦心钻研水稻培育技术的“杂交水稻之父”袁隆平，一心扑在地球深探领域的“科研疯子”“拼命黄郎”黄大年，被网友称赞为龙之角、凤之冠，国之栋梁的中国“天眼之父”南仁东……这些科学巨人身上无不具有“敢为天下先”的科研勇气、“能为天下先”的科研素养、“必为天下先”的科研决心。中国因为拥有了这样一批科研英雄，才能屹立于世界民族之林。

也许有的人说，英雄好像离我们很远，其实不然，就像返底村的党支部书记段爱平，虽然只是个连自己名字都写不工整的普通农妇，但却连续十四年当选村支书，她曾勤劳致富，20 世纪末已拥有百万家财，却全部奉献给贫困的家乡，并且带领乡亲们通过不懈奋斗最终脱贫致富，她是我们的英雄；天津港爆炸事件中，年轻的消防队员忍受毒气的侵袭，冲进灼人的火焰，谱写了一曲可歌可泣的壮歌，他也是我们的英雄；南海空域被侵犯时，是心系国家权益的王伟迎向敌机震慑了敌人，他也是我们的英雄……

无论是默默奉献刻苦钻研的科研巨人，还是生活在我们身边平凡却伟大的英雄，他们都拼尽全力，付出所有乃至舍生忘死，用实际行动践行了一个共产党员的庄严承诺，彰显了作为一名党员的崇高风范，他们无愧于时代，无愧于人民。在他们的心里，时时刻刻都把人民群众放在最重要的位置，用最纯粹、最勇敢、最无私奉献的一颗心践行了党的群众路线，他们用真情关心群众，用真爱爱护群众，用真干惠及群众，把为民谋利体现在工作和生活中的一点一滴、一言一行之中，竭尽所能为群众办实事、解难题、谋福利。

正因为中国有千千万万个像他们这样敢于作为、甘于奉献、无怨无悔、不懈拼搏的好党员，才凝聚成了中国浩然勃发的正能量，点燃了中国梦想的火焰，照亮了中国前行的事业，加快了中华民族的复兴。他们始终是我们学习的榜样，他们的精神值得我们弘扬，他们始终是我们党百年发展长河中闪耀着的灿烂星光。

习近平总书记曾在纪念红军长征胜利八十周年大会上讲道："每一代人有每一代人的长征路，每一代人都要走好自己的长征路。"身为新时代的大学生，作为中国共产党领导下的先进青年，我们必须时刻听从党的号召，跟随党的旗帜，深入学习党的历史，充分展现党的助手和后备军的担当，充分展现青年生力军和突击队的作用。

学习党史是从历史中摄取智慧力量，是加强党的思想理论建设的重要任务，是继承党的成功经验和优良传统的需求。我们要在对历史的深入思考中学习和工作，传承红色的基因，弘扬优良的精神，争做时代的先锋。我们要努力学习科学文化知识，不断提高自己的综合素养，勤于实践、艰苦奋斗、愤发图强，更好地走向未来，走好我们新时代青年的长征路，交出新时代青年应有的合格答卷。

（作者系化学与化工学院2019级化学专业学生）

## 向英雄致敬

庞楚森

毛主席曾在《为人民服务》一文中说："人固有一死，或重于泰山，或轻于鸿毛。为人民利益而死，就比泰山还重。"在中国共产党成长的一百年中，一直涌现着可歌可泣的英雄，他们为广大人民献身，他们为祖国奉献。在此，我向英雄致敬。

何为英雄？为了祖国和人民的利益，不怕艰难困苦、不怕流血牺牲、坚韧不拔、一往无前的革命先烈都是英雄。我最敬佩的两个英雄：第一位是指点江山的毛主席，他带领中国共产党打出一片新中国的天地，指挥红军爬雪山、过草地、飞夺泸定桥、四渡赤水河、巧过金沙江……他是当之无愧的中国伟人。第二位是黄继光，他 1931 年出生，1952 年牺牲。黄继光那舍身堵枪口的光辉形象经常出现在我眼前。他在 1951 年参加了中国人民志愿军，1952 年，加入了中国新民主主义青年团。在 1952 年 10 月 20 日上甘岭战役中，敌人占领的 597.9 高地密集的火力网打得六连战士抬不起头来，前去爆破的三个小组都牺牲了。黄继光眼看着天亮前攻不下阵地，便带领两个战士再次前去爆破，一个战士中弹牺牲了，另一个战士也负伤了，接近敌人火力点的黄继光已身负重伤，身边没有任何武器。危急时刻，黄继光用胸膛堵住了敌人地堡的机枪射孔。敌人、战士们惊呆了，我也惊呆了，谁又见过这等可歌可泣的事迹呢？人的死有两种：要么重于泰山，要么轻于鸿毛。黄继光为人类的正义事业而死，他死得有意义，死得伟大！我们将永远怀念他！

英雄们，我将以你们为榜样，勤奋学习，用优异的成绩来告慰你们的灵魂，把我们的祖国建设得更加繁荣富强。黄继光感人肺腑的英雄事迹让我心潮澎湃，久久不能平静。忆往昔峥嵘岁月，我的思绪仿佛回到了半个世纪前那个战火纷飞的岁月，耳边又回响起嘹亮、威武、雄壮的——中国人民志愿军战歌。自古英雄出炼狱，立马长枪定乾坤！我们的幸福今天，正是英雄们在昨天以生命热血创造的明天，没有他们的牺牲就没有今天的一切。

是啊，除了黄继光以外，还有无数革命先烈为了祖国的神圣领土不被侵犯，为了人民不受欺辱，为了我们生活得更幸福，用满腔热血谱写了一曲曲英雄的赞歌。是他们用忍饥挨饿换取了我们今天丰盛的菜肴，是他们用站岗放哨换取了我们今天树荫下的嬉戏，是他们用流血牺牲换来了我们在和平的环境里学习和生活。

“黄沙百战穿金甲，不破楼兰终不还。”我们青年一代何惜百死报家国，要为祖国、家乡的富强崛起而奋斗，鞠躬尽瘁，死而后已。

（作者系化学与化工学院 2020 级化学工程与工业专业学生）

# 党旗红，味愈浓

闫美琪

百年前，在一艘不起眼的南湖游船上，在那个不平凡的时刻，诞生了拯救国家危难之际的中国共产党。转瞬间，中国共产党已经走过百年的风风雨雨，经历了百年的坎坷艰辛，换来了中国今天的辉煌。“没有共产党，就没有新中国”，这句人人耳熟能详的歌词在我很小很小的时候就深刻地印在了我的脑海里，每当看到鲜艳的党旗正红之时，我就能感受到其中的一丝“党味”，“党味”是什么？“党味”是为建立、捍卫、建设新中国而英勇牺牲的革命先烈的故事，“党味”是为中华民族独立和人民解放而顽强奋斗的仁人志士、中国人民在建设中国特色社会主义伟大事业方面取得的伟大成就……

说起为建立、捍卫、建设新中国而英勇牺牲的革命先烈，我们不得不谈起一位老共产党员——张富清同志。他是西北野战军突击队员之一，他冒着枪林弹雨把敌人的四个碉堡炸毁。那时候，他仅仅是一个二十多岁的青年，我们称他为董存瑞式的战斗英雄。在战场上，他冲锋陷阵，九死一生。在他三十多岁的时候，他退役转行，服从组织的安排，转到了湖北最偏远的地方工作。他坚定地说：“这里苦，这里累，这里条件差，共产党员不来谁来？”从此赫赫战功被他埋到了自己的心中，只字不提。在他八十八岁的时候，左腿截肢，为了不给组织添麻烦，为了让子女更安心地为党和人民工作，他装上了假肢，顽强地站了起来。现年九十六岁的他仍坚持学习，他说：“人退休了，政治思想上绝不能退休。”他的这些做法只有一个原因，他是一名共产党员。在他的身上我们可以看到千千万万共产党员的缩影，我们更可以从这些共产党员、革命先烈的身上，感受到浓郁的“党味”，“不忘初心，牢记使命，与时俱进，守卫人间”是对他们最好的形容。

在我们生活的新时期，我们不应遗忘在这场突如其来的新冠肺炎疫情中牺牲的英雄们，在这场“战疫”中，我真正的体会到了这场“战疫”的灰暗、阴冷、始料未及。它冲淡了春节的喜气，冷落了元宵的灯谜，更推迟了我与河北民族师范学院重逢的日期。但我更深刻体会到在全国人民按下暂停键的这段日子里，党中央从未放弃重启我们美好生活的希望，他们在一直奋斗着，在这场没有硝烟的战争中前进着，当你询问每一个中国共产党党员他们辛不辛苦的时候，他们就会说：我很好。这，就是党的精神。

作为一名石家庄人，我真实地经历了石家庄 2021 年在这场疫情中经历的一切，在新年 1 月初的晚上，疫情消息一夜传开，紧接着就是采取所有紧急措施，阻止疫情的进一步扩散。这也将再次证明中华民族虽历经坎坷，但在中国共产党的正确指导下，从未被压垮过，愈挫愈勇，在磨难中奋起。

在这一百年里，中国共产党保持艰苦奋斗的作风，坚持和发展中国特色社会主义，坚持和巩固党的领导地位和执政地位，为实现“两个一百年”奋斗目标、实现中华民族伟大复兴的中国梦而努力奋斗。中国的历史记载着中国共产党前进的每一步，在党的领导下，我们的祖国发展成为初步繁荣昌盛的新中国。作为新时代的大学生，我要更加严格要求自己，将来更要加入中国共产党这个伟大的组织，遵循党的章程，继承党的精神，传承红色基因，将来为祖国做贡献，奉献自己的力量，在这新征程、新使命的征途中，让党旗更红，让“党味”更浓。我要向辛勤工作的共产党员，向全国优秀共产党员、优秀党务工作者和先进基层党组织致以崇高的敬意。

（作者系数学与计算机科学学院 2019 级数学与应用数学专业学生）

# 礼赞新中国，迈进新时代

王怡霖

翻开民族史诗的华美篇章，总能看到无数星光时刻，它们指引着我们前进的方向，伴随着我们的成长。有一些名字，化成了夜空中的点点繁星，有一些身影，唤醒了古老的春天和沉睡的心灵。2021 年，是中国共产党成立的一百周年，中国奋进的伟大征程也取得了辉煌的成绩。所有属于中国的数字变换着、跳动着，开始了冲刺般的奔跑。看吧，一个民族正在春潮不息的奔涌着，扬帆高歌，从此又迈进一个新时代！

“百年征程波澜壮阔，百年初心历久弥坚。”在这百年的身后，是无数先行者英明果断的决策，是无数奋斗者无畏坚定的步伐，是无数劳动者辛勤耕耘的双手。前方，纵然是地雷阵，纵然是万丈悬崖，也阻挡不住每一位中国人、每一位中国共产党人勇敢的心。

新冠肺炎疫情发生以来，中国十四亿人，已不再是一个个个体，他们有一个共同的名字：中国人。他们凝聚的力量，势不可挡，钟南山院士义无反顾赶往防疫第一线；护士佘沙挺身而出，果断报名备战；党员突击队为抗击疫情纷纷在请战书上按下了自己的手印。这次疫情，让我们看到：如今的中国正在奋力起航。如今的中国人，也正在用自己的力量去和困难抗击，保卫自己的祖国。回首过去，中国遇到过无数的困难险阻，如 1998 年特大洪水，2003 年非典疫情，2008 年汶川大地震……但困难永远不会打败中华民族，困难在我们眼中，永远都是我们新英雄儿女走向胜利的铺路石。

在中国共产党的领导下，中华民族迎来了从站起来、富起来到强起来的伟大飞跃，脱贫攻坚战也取得了全面的胜利，创造了一个又一个彪炳史册的奇迹！

记得以前，党在我的心中，就是由一篇篇故事和一个个英雄组成的，像《小兵张嘎》《飞夺泸定桥》《英雄儿女》，又或是雷锋、董存瑞、王进喜，他们奋不顾身地保护着中国，保护着老百姓的安全。而现在，我长大了，也渐渐明白，正是中国共产党人以人为本的思想，让星星之火成为燎原之势，让中国成就了如今这般强大的模样。

没有共产党，就没有新中国！2021 年，历经了一个世纪的积淀，当年的幼苗如今已成参天大树，并开出了绚烂之花，此时正值繁花烂漫。“一个民族精神上的海拔，决定着这个民族可以攀登怎样的高山。”而我相信，中国攀登的海拔，将永无止境。

新时期已到来，新时代的大门正在为我们敞开，承蒙先辈们的奋斗，现在的中华鹤鸣长歌于九皋。我辈当接过历史的接力棒，以晨雾之微补益山海，用萤烛末光增辉日月。我相信，在以后的日子里，中国共产党一定会带领中华民族走向幸福，祖国一定会更加美好！

（作者系数学与计算机科学学院 2020 级人工智能专业学生）

# 平凡英雄的礼赞

高梦婕

中国共产党党史是一部人才辈出、可歌可泣的英雄史。何为英雄?真正的英雄，不见得是打遍天下无敌手的江湖豪杰，也不一定是流芳千古、功盖千秋的大功臣，但他们一定是经历艰难困苦却永不放弃，历经磨难却勇往直前，对生活永葆热情的智者。他们宛如沙漠中的一株仙人掌，虽没有绿洲那样波光粼粼，但总能给临近绝望的人带来一丝生机、一丝希望。

真英雄，勇于在战争年代创造未来：回首往事，中国共产党成立前期，一间矮小僻静的柴房里，两条板凳，一张铺板，窗户被封的密不透风。铺板上一盏小小的油灯，灯下的男子，正伏身在临时搭成的书案上认真的书写着。他，一位从日本留学归来的学子，一位被毛泽东与陈独秀赋予重任的年轻人——陈望道。他的手边，放着日语、英语辞典；手中，来回翻着马克思的《共产党宣言》。他对这部承载着中国未来的著作沉吟良久，写下了第一句译文：“有一个怪物，在欧洲徘徊着，这怪物就是共产主义。”一夜过去，清晨到来，母亲给他送来甜粽与红糖，叮嘱不够甜的话自己再加红糖，他边吃边说：“够甜，够甜。”然而殊不知，他沾着吃下甜粽的并不是红糖，而是书案上的墨水，也许是太过认真，他根本尝不出墨水的味道，或者是书中的真理，相比这个世界大众的苦难生活实在太甜。四个月后，1920 年 8 月，陈望道翻译的《共产党宣言》在上海正式出版发行。他一定想不到，这部从浙江义乌县城西分水塘村走出的译文，将会像一道光，照亮现实，使世界发生翻天覆地的变化。

真英雄，勇于在和平年代创造奇迹：还看今朝，2020 年突如其来的新冠肺炎疫情，把武汉金银潭医院院长张定宇推到了前台。一场不明原因肺炎的出现，引起了张定宇的警惕和重视，他及时收取病毒样本，想方设法查明病因、上报疫情，为全国抗疫赢得了时间，争取了战机。他以医院为家，不怕危险，冲锋在前，昼夜工作，忙前忙后，以高度的责任感和吃苦耐劳的精神和同事们一起抗疫，即使自己的妻子感染了新冠肺炎，他也无暇顾及。可谁也不知道，张定宇竟是一个渐冻人。如字面意思，渐冻人就像被“冻”住一样，直至呼吸衰竭而死去。张定宇院长上楼下楼吃力、走路一瘸一拐，在领导和同事的再三询问下，张定宇院长只好说出自己身患渐冻症的事实，但他请相关领导理解，希望不要因此而取消他奋战在一线的资格。高强度的工作累坏了张定宇院长，但累不垮他与病魔做斗争、与疫情奋战到底的决心。步履蹒跚与时间赛跑，只想为患者多赢一秒；身患绝症与病毒周旋，顾不上亲人已经沦陷。这一战，他矗立在死神和患者之间。那一晚，歌声飘荡在城市上空：我们用血肉筑成新的长城。

近年来，越来越多的爱国影片进入了大众视野：为庆祝新中国成立七十周年，《我和我的祖国》在 2020 年国庆节档期热映。该片讲述了新中国成立七十年来普通百姓与中华民族息息相关的故事。为庆祝中国共产党成立一百周年，国家广播电视总局策划组织创作的主题热点作品《理想照耀中国》在各大卫视热播，该剧以不同时期人物的闪光故事，记录中国共产党诞生一百年来团结和引领中国人民，高举理想和信仰的炬火，谋求民族独立、人民解放、国家富强，为实现中华民族伟大复兴中国梦不息奋斗的动人故事。无论是《我和我的祖国》还是《理想照耀中国》，这些爱国影片都是通过一些小人物，带领观众们重温了中华民族的峥嵘岁月，无一例外让观众们深刻体会到“我”与中国的血脉相连，激发了观众们内心最朴素的爱国情怀。这些影片的播出不仅提醒我们铭记历史、牢记使命，使更多的人有机会去了解中国共产党那一段艰辛历程，了解那些为中国共产党、为中国革命而奋斗付出的英雄们，即使有一些英雄，我们到现在都无法知道他们的名字，但他们为中华民族伟大复兴事业而努力奋斗的光辉事迹令我们动容，他们顽强不屈的革命精神使我们震撼。

从新中国成立时的一穷二白，到今天我国傲然屹立在世界东方，这是无数前辈辛苦付出而谱写出的灿烂华章。无论是英雄人物还是普通百姓，都在为中华民族伟大复兴而努力拼搏着：国家科研院的研究人员、扶贫基层干部、守卫边疆的边关战士，亦或者是坚持拾荒资助学生的老人、疫情时不后退的医护人员……这些在大事件中鲜为人知的小人物，默默无闻而又矢志不渝地将“小我”的人生篇章无私地融入共和国的“大我”华章中。他们所承载的奉献、牺牲、拼搏、捍卫、坚守的时代精神，凝聚成为“我和我的祖国，一刻也不能分割”的坚强信念。

中华民族的昨天，可以说是“雄关漫道真如铁”；中华民族的今天，正可谓“人间正道是沧桑”；中华民族的明天，一定会是“长风破浪会有时”。“少年强、则国强”，作为新时代的青年，我们要致敬英雄，学习英雄，接过前人手中的接力棒，要在前人为我们铺设的道路上继续披荆斩棘，要继续为共同实现中华民族伟大复兴而努力奋斗！

（作者系数学与计算机科学学院2019级数学与应用数学专业学生）

## 向英雄致敬，做时代先锋

刘子豪

忆往昔峥嵘岁月稠，百年的风雨兼程，百年的风雨如歌，在中国共产党的领导下，我国发生了日新月异的变化。现在百姓安居乐业、幸福长乐，是我们无数英雄先烈抛头颅、洒热血，用血肉之躯撑起的。我们中华民族最不缺少英雄，他们就是中国力量。

“苟利国家生死以，岂因祸福避趋之。”这正是林则徐为国家鞠躬尽瘁的高尚品德的真实写照。林则徐义无反顾地走上拯救民族危亡的道路，上书道光皇帝痛述鸦片对人民百姓的迫害、对中国经济的危害。他顶住各方压力，不畏强权，坚决领导禁烟运动，主持开展了一场声势浩大的虎门销烟运动，1839 年 6 月 3 日林则徐下令在虎门海滩当众销毁鸦片，至 6 月 25 日结束，共历时二十三天，销毁鸦片一点九万多箱和两千一百一十九袋，总重量二十三点七万多斤。在鸦片战争中他高举反抗英国侵略者的大旗，打击了外来资本主义侵略者的嚣张气焰，捍卫了我国的民族利益和民族尊严，在思想方面，他不仅提倡学习西方先进科学技术，还主张发展民族工商业，被后人称为近代中国“睁眼看世界的第一人”。从历史角度上看，虎门销烟在一定程度上遏制了鸦片在中国的传播。此次禁烟运动增加了广大人民群众对鸦片的认识，令更多的人认清了西方列强的险恶用心，极大地增强了民族自信心和民族团结。通过林则徐的事迹，我看到了我们中华民族自强不息、积极进取的民族品格和身为一名中国人最基本的素质——爱国。“先天下之忧而忧，后天下之乐而乐”的民族气节，在林则徐身上体现得淋漓尽致。

“没有共产党就没有新中国”，没有革命先辈“捐躯赴国难，视死忽如归”的英雄精神，中国不会强大。他们用“将军百战死，壮士十年归”的民族气节，冲破了外来侵略者给我国的桎梏，他们用自己的身躯血肉，奠定了中华民族永垂不朽的世界地位和民族威望。现如今，“两弹一星”的研发成功、三峡大坝的竣工、杂交水稻的普及、京沪高铁的顺利开通、中国海域首次可燃冰试采成功、“天河一号”超级计算机的问世、“嫦娥”系列载人航天火箭的发射都是我们对革命志士倾力付出的最好诠释。如何看待英雄精神，如何缅怀先烈，反映的是我们当代社会对正确的人生观、价值观、世界观的理解，对英雄忠烈的缅怀，是我们前进道路上最重要的精神力量，是指路的明灯。

我们要不忘初心，牢记使命，全面贯彻英雄精神，传承社会主义的核心价值观。奋发图强、精益求精是当代大学生对革命先烈最好的报答和感恩。

让我们向英雄致敬，争做时代先锋！

（作者系数学与计算机科学学院2019级数据科学与大数据技术专业学生）

# 风云变幻，英雄永在

李梦璐

几千年漫漫征途，几百代风云变幻，历史的车轮滚滚向前。在这条漫漫历史长河之中，总有一群人在家国动荡之际奋勇当先，英勇杀敌，只为守护家园和平；也总有一些人即使处于和平年代仍无私奉献，呕心沥血，只为创造出祖国更美好的未来。他们爱国奉献，他们勇于担当，他们是家国守护者，是家园建设者，是默默无名者，更是伟大的英雄。

“为有牺牲多壮志，敢教日月换新天!”在那段最艰难的革命岁月里，无数英雄正是凭着这么一种气壮山河的牺牲精神，取得了最终的胜利，建立了新中国。他们从不退缩、从不屈服、从不畏惧、从不妥协，他们用鲜血换来了革命的胜利，换来了国旗上鲜艳的中国红!

改革开放是当代中国命运的关键抉择、是中华民族从站起来到富起来的伟大飞跃、是社会主义建设走向高潮的伟大转折、是中国共产党治国理政从自觉到自信的伟大改变……但对于当时的人们来说，中国的未来仍是迷雾一片，让人踌躇不前。

面对这种情况，邓小平鼓励人们要敢于创新，要“大胆地试，大胆地闯”。号召全党同志要突破“禁区”、坚持按劳分配原则、支持包产到户、实施联产承包责任制……他以“杀出一条血路来”的决心和魄力，激励和感染着身边的每一个人，也点燃了人们在改革开放大潮中干事创业的热情。

面对当时百姓艰苦的生活，杂交水稻之父袁隆平虽遭受他人的质疑，饱尝孤独的痛苦，但“让所有人都吃饱饭不再挨饿”的诺言却让他意志异常坚定。经过两年的探索和试验，他终于培育出了第一批成功的杂交水稻，实现了别人口中不可能的梦想。如今他的团队于 2020 年再次刷新了杂交水稻双季亩产纪录，实现了亩产一千五百公斤。为我国粮食安全、农业发展和世界粮食供给做出了巨大贡献。但今年 5 月 22 日，袁爷爷带着他的梦和理想埋葬在了这片他一生都深爱着的土地上。

如今，中国已真正站了起来，傲然矗立于世界民族之林，但仍有一批又一批隐姓埋名、甘为人梯的英雄们默默在国家最需要的地方奋斗。

茫茫荒原变万亩林海的秘密是什么？是首批平均年龄不到二十四岁的青年人怀揣的梦想和热情、是三代塞罕坝人的艰苦奋斗和接力传承、是他们“以苦为荣、以苦为乐”的愈挫愈勇……五十多年来，三代塞罕坝人靠勤劳的双手和坚定的信念，创造了绿色奇迹，建成了世界上最大的人工林生态系统。

在抗击新冠肺炎疫情的“战疫”中，更让我们看到了无数人民英雄。无论是“海报”护士刘丽、不幸牺牲的武昌医院院长刘智明、骑行四天三夜返回工作岗位的医生甘如意，还是火神山和雷神山医院的每位建造者，乡镇社区的一线工作人员，无偿为医院送饭数月的摊主……没有人是“无名”的，他们的责任与担当就是最好的名片！

如今，我国正处于“两个一百年”的历史交汇点，当代青年正是与新时代共同前进的一代，生逢盛世，肩负重任。我作为新时代青年也会勇担社会责任和历史使命，将“小我”融入大国，将个人理想与国家发展相结合，并向祖国的英雄们、先烈们学习，学习他们勇于探索的魄力、学习他们脚踏实地的努力、学习他们艰苦奋斗的毅力。我相信心中有梦想，脚下自会有力量。我会坚定地为国家的繁荣贡献自己的力量。

仰望长空，历史的星光依旧闪烁；风云变幻，英雄的身影历久弥新。英雄的名字值得铭记，他们用生命抵来的幸福更是弥足珍贵，值得珍惜！常有山河如故、平静安宁，然则英雄精神，薪火相传。

（作者系外国语学院 2018 级英语专业学生）

# 守泱泱华夏，照山河万丈

郝佳莹

“什么是共产党，共产党就是自己有一条被子也要剪下半条给老百姓的人。”在革命年代，湖南汝城县沙洲村，徐解秀老人感慨地说。

时光如水，岁月如梭，转眼间中国共产党已走过了百年的光辉历程，我国也在中国共产党领导人民的长期奋斗中，发生了翻天覆地的变化。每当看到鲜艳的五星红旗冉冉升起的时候，每当听到激昂的《义勇军进行曲》徐徐奏响的时候，每当看到那庄严的国徽的时候，一种振奋，一种激昂，一种骄傲，一种自豪的心情便会油然而生。一个名字在我的脑海中浮现，那就是伟大的中国共产党。2021 年是中国共产党成立的一百周年，回首党的百年历程，我们党披荆斩棘，开拓进取，风雨兼程！

悠悠百年党史路，风雨兼程艰难苦。知所从来，方明所去。翻开中国革命的历史画卷，我们追寻革命原点、缅怀前辈英烈、回顾奋斗历程，在全党开展党史学习教育，要以昂扬姿态奋力开启全面建设社会主义现代化国家新征程。习近平总书记强调了初心和使命的重要意义，在重温初心中厚植人民情怀。中国共产党能够逐步发展壮大起来，在腥风血雨中能够一次次绝境重生，在攻坚克难中能够不断从胜利走向胜利，根本原因就在于不管是处于顺境还是逆境，我们党始终坚守为人民谋幸福，为中华民族谋复兴这个初心和使命。中国共产党人的初心和使命，鲜明体现党的奋斗目标和前进方向，是中国共产党人矢志不渝的政治追求。为中国人民谋幸福，为中华民族谋复兴的初心和使命，彰显的是中国共产党人的历史自觉和政治担当、科学理念和长远眼光、顽强意志和斗争精神。

历史是最好的教科书，常读常新；党史是最好的营养剂，让人受益匪浅。越是深入学习，就越能深刻认识红色江山来之不易、新中国来之不易、中国特色社会主义来之不易。我们沐浴着新时代的春风，更不应该忘记那些曾经在这片土地上洒着鲜血的革命前辈。他们舍身就义之铮铮傲骨；他们拼死杀寇，报效国家；他们战袍于尘土沙戟间飘洒飞扬；他们战鼓于爆裂张扬中在脑海回响。

英雄是时代与命运下诞生的非凡个体，也是一个民族和国家矗立于世界民族之林的情感价值必需品。英雄之魂在不同的年代，传递着同样的伟大力量。申纪兰，是我国唯一一位从第一届连任到第十三届的全国人大代表。她上任的第一把火是选择动员村里的妇女走出家门，和男人一样下地劳动。无论是严寒，还是酷暑，她都深深扎根在这片生她育她的土地。从思想愚昧、亟待破旧立新的20世纪四五十年代到多元文化、创新发展的现代社会，申纪兰都以自己的步伐和速度跟上国家的进步和社会的发展。她是农民的女儿，血液里也流淌着质朴。“当人大代表，就要代表人民，代表人民说话，代表人民办事。”她这么说，也这么做。

他们是英雄，他们永远不会被人民遗忘，不会被岁月遗忘，他们所散发出的光辉就如同那在黑夜中照亮天空的星辰，不负人民，不负国家。

无论在哪个时代，青年人都是肩扛社会大任，推动社会发展的中流砥柱。孙中山先生曾说：“惟愿诸君振兴中国之责任，置之于自身之肩上。”吾辈应将振兴中华视为己任，不断砥砺前行！牢记使命，坚定信念，努力学习，传承革命先辈们伟大的爱国、爱党、爱人民的精神。

（作者系马克思主义学院2020级思想政治教育专业学生）

# 数风流人物，还看今朝

张　丽

时光易逝，岁月的车轮，不断地向前翻滚着，印下一道清晰的、沧桑的、象征希望的历史车辙。

历史的丰碑，也不断记录着每一段英雄的事迹。每一个阶段的发展，离不开这些英雄的付出与奉献。

今年是建党一百周年，追溯到一百年前，1921 年 7 月 23 日，我们的中国共产党刚刚成立。那个战火四起，硝烟弥漫的时代，中国共产党的成立，就像久旱逢甘露一样，给中国这个被战争折磨干裂的土地洒下了甘霖。

在抗日战争时期，我们中国共产党用自己坚韧的臂膀，为中国百姓撑起了一片天。哪里有战争，哪里就有党的保护。在那个车马不足的年代，在那个与入侵国家军事实力相差悬殊的年代。他们用自己的身躯，筑起了一道防火墙。小米加步枪怎样，草鞋粗布衣怎样，忍饥挨饿又怎样，他们仍然坚守。百姓拥护他们，给他们做饭裁衣，但是，中国共产党铁的纪律就是“不拿百姓一针一线”，他们是无私的，是为人民服务的。他们是铁血战士，即使身处烈火之中，也一声不吭；即使枪林弹雨在前，也毅然向前；即使碉堡难攻也舍身赴死。他们用自己的方式，为百姓抵挡了战争的风雨。

中国共产党艰苦卓绝的奋斗，坚持不懈的开拓，引领中国人民走向独立，走向富强。为了让祖国更加富强，无数共产党员涌现出来，为祖国的繁荣发展贡献自己的力量。

有着“铁人”称号的石油工人，王进喜。他亲自勘探打井，在设备不先进的情况下，自己用身体搅拌混凝土。“人民的好干部”兰考县书记焦裕禄，用一生的时间，把全部精力都投在治沙工程上。钱学森、钱三强、钱伟长，“两弹一星”功勋，出国留学，学成后毅然归国，为我国国防事业做出巨大贡献。正是因为他们的存在，我们的石油开采技术提高，储量增加；正是有他们，我们收获了绿水青山；正是有他们，我们的国防才更加强大，更加坚不可摧。

时间的车轮向前翻滚着，祖国也在向前发展着。改革开放以来，越来越多的党员为我国的发展贡献着自己的力量。1978 年冬，安徽凤阳小岗村十八户农民，以“敢为天下先”的精神，在一纸分田到户的“契约”上按下红手印。正是这一纸契约，拉开了农村改革的序幕。家庭联产承包责任制最终成为我国农村的基本经济制度，很大程度上改变了人们的生活条件，也很大程度上激发了人民的生产积极性，推动我国经济蓬勃发展。

翻开历史的回忆录，我看到了许多行业的党员为祖国的发展努力着。扎根沙漠戈壁的“敦煌的女儿”樊锦诗，一位南方姑娘，克服了水土不服，忍受与爱人的分离之苦，将青春贡献给了敦煌，为中国文化的发展贡献了自己的智慧与力量；辛勤的教育耕耘者龚全珍，开国少将甘祖昌将军的夫人，毕生致力于教育事业，成立基金会，为国家的教育之基增砖添瓦，她是群众心里的好校长；西藏地区尽责的地委书记孔繁森，他深入高原，扎根基层，与当地人民兴修水利，干农活，最终因车祸在考察途中殉职，是人民心中名副其实的好干部。除此之外，还有新中国的植树人马永顺，牵挂百姓健康的藏族医生仁青等各行各业的优秀党员。

春去春来，更替了无数个日夜，中国在一步一步走向世界，走向强大。

我希望，在中国共产党的领导下，我国的教育事业、国防事业、医学事业、文化事业等更上一层楼，人民更加幸福美好，我们青年人也要拿出“数风流人物，还看今朝”的雄心壮志。为祖国的发展贡献自己的力量。

（作者系历史文化学院 2020 级文化产业管理专业学生）

# 学史力行，向英雄致敬

于冰鑫

有这样一位老人，被授予军“战斗英雄”称号、师“战斗英雄”称号和“人民功臣”奖章；有这样一位老人，深藏所有功名六十多年，在战火中九死一生，曾经立下的赫赫战功连亲朋好友都不知道，一辈子始终坚守初心，不改本色；有这样一位老人，用自己的朴实纯粹，淡泊名利书写着精彩的人生；有这样一位老人，有着积极奉献的精神，有着崇高理想的优秀党员，有着优良作风的钢铁战士。他，就是张富清。

张富清，男，汉族，今年九十五岁，就是这位老人，让人尊重。他的先进事迹值得推崇和宣扬，是我们学习的楷模，是我们人生路上的引路人，也为我们前进的道路指引了方向。张富清老人对党忠诚，不忘初心，不计较个人得失，不讲条件，牢记宗旨，坚定信仰，始终把对党的忠诚刻在心里。张富清在工作中爱岗敬业、乐于奉献，认真履行自己的职责，面对困难迎难而上，敢于挑战困难，让每一次的挑战都成为每一次的进步。“铁饭碗”在张富清老人的那个年代，是可望不及的事情，工作稳定，有固定的收入。但是老人为了号召国家精减人员的政策，率先放弃“铁饭碗”，淡泊名利，廉洁高尚。老人从不利用职务为亲属谋利，并且教育子女“自强不息、自己奋斗”，始终把责任放在第一位。这是何等的刚正不阿、克己奉公的境界呀！这种无私奉献，高度自觉，矢志奉献的优良作风值得我们传承和学习。在以后的工作中，我们要多一些付出，少一些计较，以身作则，勇于奉献，用正确的态度发挥自己的主动性；在以后的生活中，无论遇到怎样的困难和挫折，都不应该屈服，用洒脱自由、积极乐观、百折不挠的坚强态度去面对。

张富清同志转业后，又主动选择到湖北省最偏远的来凤县工作，为贫困山区奉献一生。张富清同志没有躺在功劳薄上睡大觉，没有选择舒适和安逸，而是反其道而行之，更愿意和生活困难的群众战斗在一起。他在离开革命战争的战场后，又在其工作和生活的地方开辟了“第二战场”，继续发挥他的革命斗志，实现他的革命理想。这一“隐藏”的选择，彰显了张富清同志一辈子坚守初心、不改本色的革命者情怀。在部队，他冲锋陷阵舍生忘死，为了保家卫国不怕流血牺牲；到地方，他又心系群众冷暖，身先士卒帮助群众脱贫致富。他用朴实纯粹、淡泊名利的实际行动，书写了精彩的人生篇章。张富清同志把党的事业、党员责任和群众利益看得很重，总是在党言党，在党忧党，在党为党。他把金钱名利、个人得失看得很淡，只讲付出，不求回报。向张富清同志学习，就要学习他坚守初心、不改本色。不论身披何种荣誉、头戴何种光环，不论何时何地，他都始终不忘自己的党员身份和责任，不忘艰苦奋斗的党员本色，始终以国家利益和党的事业为重，全心全意为人民服务。

英雄就是这样——他们爱国、勇敢、团结、自强！在决定中华民族生死存亡的殊死搏斗中，无数的抗战英雄挺身而出，他们为扭转民族危亡命运、捍卫国家神圣主权铸就了卓越功勋，他们是我们的英雄！他们的故事激励和鼓舞着我们每一个人！让我们以英雄为榜样，热爱祖国，砥砺奋进！

（作者系化学与化工学院 2020 级化学工程与工艺专业学生）

# 学习英雄，争当楷模

牛书英

2020年注定是不平凡的一年，我恰逢青春，遇到最美的人，看到最强的国，听到青年“拔节成长向晴空，接力奋斗建山河”的铮铮誓言。他们跟随党的步伐，响应党的号召，奉献着自己的青春力量。他们就是我们这一代的青年英雄。

我作为一个面临高考的高三学生，对2020年年初突如其来的新冠肺炎疫情有着深刻的体会。它不仅侵蚀着我们本该洋溢着幸福的春节，同时也为我们的高考埋下了一颗定时炸弹。一天晚上我们收到通知，要求检测所有人员是否存在发烧感冒等相关症状，不是河北的人员实施重点监测，一旦发现有此类症状，立即采取隔离措施。此时距离我们的高考仅剩下屈指可数的几个月。原本定于正月初六开学的日期因为这次疫情一拖再拖。此时的我很恐惧，这份恐惧一方面是来自对生命的担忧，另一方面则是来自对学业的担忧。

然而无论你有多恐惧，疫情都不会产生任何怜悯之心。让我那颗悬挂于九天之上的心真正放下来的是党中央一声令下全员抗击疫情。在他们的努力下，我们的生命健康得到了保障，我们无比渴望的开学从梦想变成了现实。在此期间，最美逆行者频出，他们不分年纪不分职业，每个人都在自己的岗位上尽忠职守，不惧艰难，勇于奉献。其中也有我们“90后”“00后”一代的青年。吉林大二姐弟崔馨月和崔众博在新冠肺炎疫情发生后，作为志愿者服务在弃管小区的楼道里、小区入口以及重要路口。作为姐姐的崔馨月说：“疫情让人揪心，但仍要积极面对。”同时称他们是年轻人，应该为家乡做些事。两人要当志愿者的想法不谋而合。他们在工作九个小时的时长里排查了七百多辆车，除此之外他俩还负责楼道里的消杀工作，虽然很累很难但从无怨言。十八岁的余森乐是上海立信会计金融学院 2019 级金融学高水平运动员班的学生，国家一级击剑运动员，曾多次代表上海在全国青年运动会等高水平赛事中取得优异的成绩，与团队一起为上海赢取荣誉。余森乐不仅专业水平高超，而且思想政治素质过硬，理想信念坚定，在日常学习生活与训练中刻苦拼搏，勇于担当，特别是在新冠肺炎疫情发生后，他不畏困难风险，在第一时间投身防疫物资的生产一线，工作时间长达十二个小时，完成了三万个口罩的检查计数工作。“00 后”是抗疫群体的重要新生力量，他们勇于担当、乐于奉献。将一万五千只口罩从印尼背回国内的十五岁学生赵珺延，他听闻了新冠肺炎疫情在祖国蔓延，防护用品供不应求。与全家商量后，他来担任口罩搬运工，将一万五千只口罩用五个行李箱装好，独自一人从印度尼西亚乘坐飞机带回了祖国，捐献给了祖国。他们让我懂得了青年的肩膀要扛起责任，心中要装下祖国和世界。他们心中不仅有党还有人民。我们学习英雄，争做英雄，为社会主义事业贡献自己的力量。

（作者系马克思主义学院 2020 级思想政治教育专业学生）

# 致敬

## ——守望家园的英雄

齐 佳

“古来青史谁不见，今见功名胜古人”。我们中华民族，经历了五千年的沧海桑田，在秦汉三国，隋唐五代，宋元明清等历史时期，在虎门销烟，在太平天国，在五四运动，在南昌起义等战争中，英雄的背影，总在中华民族的危难关头不断涌现。中华民族，一个敬重英雄的民族，一个英雄辈出的民族，由英雄豪杰用血肉铸成的万里长城走到了今天。

没有战火硝烟，没有风刀霜剑，但战鼓已经打响，2003 年非典发生时，中国英雄以傲人身姿战胜疫情；2020 年，面对突如其来的新冠肺炎疫情，中国英雄，行装抖擞，战歌嘹亮，再战疫情。我们歌颂他们，不仅在于他们在十天之内建成火神山医院、雷神山医院，为“中国速度”画上新的符号；不仅在于她们剃发明志，“不破楼兰终不还”的巾帼志气；也不仅在于他们老骥伏枥，仍然奔赴前线的家国情怀。我们歌颂他们，更是因为我们深深体会到，所有做出这些英雄事迹的中华儿女，没有一个是铜头铁臂，他们如你我一样，都是血肉之躯的普通人。

我们看到了为节约防护服而穿戴成人纸尿裤进入病区的医护人员，看到了倒在工地休息的建筑师傅，看到了听闻战友倒下后潸然泪下的面孔。还有那一封封催人泪下的家书，与其说是一封家书，不如说是一封“捐躯赴国难、视死忽如归”的遗书。英雄从不怕牺牲，但每一个牺牲，都意味着一个生命再也没有机会去实现曾经的抱负与梦想，都伴随着英雄家人痛失至亲的惨痛代价。参与抗击新冠肺炎疫情的战士们，在奔赴一线的那一刻，岂止是将个人生死置之度外，更是将自己所有的软肋都一一舍弃，只为了更多人能够得到保护。这种双重牺牲，决不能被轻易无视。

在当下，这个人人都有权利选择不做英雄的时代，在面对未知病毒，风雨如晦之时，仍然有人愿意在一封封请战书上按下鲜红的手印。他们都是你我一样的普通人，却愿意做出双重牺牲，为众人抱薪于风雪。几千年以来，中华民族历史上留名的英雄，无不是舍生取义、殉国忘身，他们为我们民族注入“人生自古谁无死，留取丹心照汗青。”的勇气和节操。如今，抗击疫情的他们，更多的是普通人，但在这段特殊的时期，他们做出的点滴贡献，聚沙成塔，积水成渊，汇聚成磅礴的力量，迅速扭转了残酷局面。也正是在他们的庇护下，我们才得以有更好的明天。

“天地英雄气，千秋尚凛然。”每个时代都有属于每个时代的英雄，只有坚守信仰、崇尚光荣者，才会定义属于这个时代的精神风貌。我们要永远铭记英雄，与他们紧密相连，砥砺前行，共筑更美好的明天。

（作者系旅游与航空服务学院2020级旅游管理专业学生）

# 英雄精神绽光芒

张桐浩

1921 年 7 月，一艘红船，一代人，中国共产党正式成立了。回首百年历史，在中国共产党的领导下，中华民族实现了从站起来，到富起来，再到强起来的伟大飞跃。脱贫攻坚战任务圆满完成，让世界人民看到了中国奇迹！面临突如其来的新冠肺炎疫情，中国再一次向世界交出了一份满意的答卷，时刻同世界各国人民命运紧密联系在一起。百年光辉历程，党带领华夏儿女同心同行，始终坚持走中国特色社会主义道路，为实现中华民族伟大复兴的中国梦而努力奋斗。

近年来，有这样一群人始终同贫困群众想在一起，住在一起。河北农业大学孙建设教授就是其中一员，他心系太行山，坚持科技扶贫三十余年，他把新技术带给村民，带领村民脱贫致富。为了给村民提供更好的新技术，他先后走访多地，提出了矮砧密植高效栽培新模式。2013 年，他又带领同事成立“第壹驿站”，带动周边乡镇经济发展，使第壹驿站成为太行山经济发展的加油站，串起苹果产业链，实现脱贫致富目标。

2020 年，面对突如其来的新冠肺炎疫情，我们就像手无寸铁的战士，但我们并没有退缩。是坚持，是信仰，是勇敢，让我们经受住了此次考验。病毒无国界，我国本着依法、公开、透明、负责任的态度，向世界卫生组织实时报告疫情情况。中国在自身疫情防控面临巨大压力的情况下，毫无保留地把救治经验分享给世界各国。同时中国严格把控，有效阻止了疫情的蔓延，为全球疫情防控争取了时间，为世界卫生组织事业做出了重要贡献。中国疫情阻击战的胜利，离不开中国共产党的领导和全国人民的支持。

新时代的我们更应该弘扬历史先行者的精神，不忘初心，牢记使命，不断前行。身为中华儿女，心系华夏，以青春之名，献礼祖国！作为新时代的大学生，虽然学习是我们的本职工作，但也要积极服务于他人，为群众做实事，做好事，做好社会主义事业接班人。

〔作者系旅游与航空服务学院2019级旅游管理（校企合作）专业学生〕

## “还有后来人”

侯雨晗

大家知道题目这简单的一句话出自哪里吗？是我国无产主义革命者夏明翰在英勇就义前吟出的短诗中的一句，完整的诗句是这样的：“砍头不要紧，只要主义真。杀了夏明翰，还有后来人！”从他的诗句中我们就可以体会到他宁死不屈的坚定信仰，并且对中国共产党的光明未来有着十足的信心。夏明翰出身名门望族，自幼酷爱读书。1917 年，他考入湖南省立第三甲种工业学校，在校期间，他接触进步思想，积极参加声援五四运动的爱国宣传活动和反对北洋军阀的斗争。1921 年夏明翰加入中国共产党。1927 年 10 月，夏明翰领导发动了平江、浏阳的农民暴动，有力地配合了井冈山根据地的创建。1928 年 3 月 18 日，因叛徒出卖，夏明翰在武汉不幸被捕。敌人对他施用了种种酷刑，劝他投降，但他始终视死如归，绝不屈服。3 月 20 日清晨，他被押往刑场。行刑之前，敌人问夏明翰还有什么话要说，他大声说道：“有，给我拿纸笔来！”于是写下了那首传颂至今的就义诗。夏明翰英勇就义，为了中国人民的解放事业献出了年轻的生命。

出生在和平年代的我们，可能无法真切地体会到我们的国家当时处于怎样危急的境地，也无法感知那些在拯救国家危亡的英雄志士们又是怎样因忧心国事度过一个个夜不能寐的日子，但是我们是可以接收到他们的精神。他们的精神永远激励和鼓舞着我们。

如果没有他们坚持不懈地斗争，就没有我们现在安康和乐的生活。“还有后来人”中的后来人不仅仅是反抗国民党反动派的后来人，不仅仅是参加抗日战争的后来人，不仅仅是解放军战士的后来人，还有一代一代发挥自己的才智为祖国建设做贡献的后来人！作为当代的中国青年，我们要秉承前辈们的遗志：为祖国的光明明天而奋斗！

（作者系文学与传媒学院 2019 级汉语言文学专业学生）

# 舍小家为大家

宋雨萌

1936年8月2日，赵一曼给自己的儿子的信中写道："宁儿，母亲对于你没有尽到教育的责任，实在是遗憾的事情。母亲因为坚决地做了反满抗日的斗争，今天已经到了牺牲的前夕了。母亲和你在生前是永久没有再见面的机会了，希望你，宁儿啊！赶快成人，来安慰你地下的母亲！我最亲爱的孩子啊！母亲不用千言万语来教育你，就用实行来教育你。在你长大成人之后，希望你不要忘记你的母亲是为国牺牲的。"

赵一曼女士面对敌人的枪口，视死如归，英勇就义。那一年，赵一曼女士年仅三十一岁，正是成熟且有魅力的年纪。

纸短情长，寥寥数语掩不住万千牵挂。在那个战火纷飞，动荡不安的年代，一封家书，一张合影是赵一曼女士留给宁儿或者说一位母亲留给儿子的最后的念想，也是一位坚强的不惧酷刑的共产党员心中的柔软。

有过美好的年华，有过甜蜜的爱情，可小家的温馨没能让她忽视外界的战乱。1928年冬，赵一曼女士奉命回国，她在宜昌生下一名男孩，并为他取名为宁儿。不难看出，她想要自己的儿子一世安宁，想要自己的家庭平安喜乐。可革命时期的中国，岂能安宁?

于是，一岁多的宁儿被寄养在赵一曼丈夫的大哥陈岳云家。此后母子再未相见，直至天人永隔。

之后，赵一曼女士全身心投入到了反满抗日的斗争之中，她先后领导了东北抗日运动、哈尔滨电车工人大罢工。她一次次骑白马，持双枪率军作战，英姿飒爽，威风凛凛，身先士卒，英勇无畏。

1935 年 11 月，在一次对日作战中，重伤的赵一曼女士不幸被捕。

从被捕到牺牲的这段时间，称之为人间炼狱毫不为过。敌人用钢针扎她的手指脚趾、拔下她全部的指甲盖，把她高高吊起，皮鞭抽打，拔光牙齿甚至是持续长达七小时的电刑等等。一场场残酷的刑罚加之于这位女士身上。她一一忍了，在一次又一次痛苦的呐喊之后，日军能得到的也不过是她重重的喘息和无边的缄默而已。

日本人怎么也想不出，究竟是什么支撑着娇弱女儿身的赵一曼挨过所有的严刑拷打。而这些，我们中国人怎么可能不清楚，怎么会想不出？

赵一曼女士虽然未能陪伴儿子一天天长大，但她却用自己的行动，用自己的牺牲告诉了儿子什么是中国人。

整个中国的安宁才能换来每个家庭的安宁，在那个烽火连天的年代，无数革命先烈抛头颅、洒热血，舍小家为大家才换来了今天盛世繁华的新中国，每一个中国的家庭才得以安居乐业、平安喜乐。

革命先烈们甘以碧血清泉，换来如今的国祚永昌，我们应该时刻牢记今日的和平安宁是多么来之不易。即使面对生死存亡，先人们都没有卑躬屈膝，和平时代的我们更应该拼尽全力、担当使命、居安思危，去保护好、建设好我们伟大的祖国。

任何时候，我们都应该扩大自己的格局和胸襟，不拘泥于个体的利益，永远将国家的利益放在首位，身体力行，付诸实践，才是对下一代最好的教育。

（作者系文学与传媒学院 2020 级新闻学专业学生）

# 铿锵玫瑰，悄然绽放

马　洁

在中国共产党九千五百多万名党员中，女性党员占有很大比例，她们在自己的职位上为人民站岗，每天奔走在人民需要的地方。疫情救援前线有她们的身影，农村基层有她们的足迹，社会建设有她们的构思……她们是中国共产党不可或缺的力量，她们是奋斗在新时代的英雄模范，她们是党员工作中的先进典型，她们无愧于“巾帼英雄”的称号……

第一批中国共产党人挽救中国社会于水火之中，为了中国未来的发展道路不惜牺牲自己的生活，甚至是生命。她是中国共产党早期领导人，也是中国共产党创始人之一——向警予。1928 年 3 月 20 日，由于叛徒的出卖，向警予在法租界被捕。敌人对她实施了严刑逼供，但她始终临危不惧、正气凛然，严守着党的机密，坚守着一名共产党员的职责与操守，表现了共产党人浩然正气的崇高品格。由于向警予是工人们敬爱的领袖，在群众中有着极大的影响，所以反动派专门选择在五一国际劳动节这一天杀害向警予，想达到“以儆效尤”之目的。在前往刑场的路上，她向人们高唱《国际歌》并呼喊口号，敌人慌忙向她嘴里塞石头，用皮带住勒她的双颊，血沫从她的嘴角流出，但她的眼神中仍充满着坚强不屈。她的表现震慑了敌人，振奋了当时在场的民众，彰显了中国共产党人对于党员信念的坚守，她是当之无愧的“铿锵玫瑰”。

现如今，仍有很多女性共产党员日以继夜工作，只为解决人民疾苦；奔波各地，只为获得问题最优解；坚守基层，只为保障百姓生活……

我国“教育扶贫”第一人，也是“全国优秀共产党员”称号获得者张桂梅。她用数十年的实际行动证明了共产党员的初心，她用无私奉献诠释了共产党员的担当。因为她深知我国摆脱绝对贫困不仅仅要发展经济，还要发展教育，更要发展贫困地区的青少年教育。重视贫困地区青少年素质的培养，就是重视中国的未来，张桂梅用她的青春“换”来了无数少年光明的未来。2008 年 8 月，在各级党委的支持和社会各界的捐助下，全国第一所免费的女子高级中学建成，但是随之而来的问题是如何留住孩子。“无论如何，我一定要亲自到每一名学生的家里去看看”怀揣着这样的决心，即使肋骨摔断、迷路、发烧，旧病复发晕倒在路上……也挡不住张桂梅前进的脚步，她就这样持续家访十一年，覆盖学生一千三百四十五名，行程近十一万公里。

中国共产党党员中无数能人志士，其中不乏女性的身影，她们宛如风雨中依然坚挺的玫瑰，默默付出、积极乐观、精神抖擞……她们在不同的时间，不同的空间，却不约而同地做着同一件事，那就是为人民服务！

在为其伟大的人格感动、敬佩的同时，吾辈更应对照先进典型寻找自身差距，立足本职工作，主动承担应有责任，将共产党人“为中国人民谋幸福，为中华民族谋复兴”的初心与使命铭刻在心，践行誓言，在平凡的岗位上致敬先进典型，将英雄模范的精神与信仰血脉相承，薪火相传。

（作者系文学与传媒学院 2018 级网络与新媒体专业学生）

# 学史力行，向英雄致敬

陈思浓

今年是中国共产党建党一百周年，回望“雄关漫道真如铁”的过去，瞭望“乘风破浪会有时”的未来，党经历了不同时期的蜿蜒曲折，但仍在曲折中盘旋上升。站在“两个一百年”奋斗目标的历史交汇点，我们学习党史教育是大势所向，借势攀升。

心中有信仰，脚下有力量。党的百年历史记载着党在民族复兴道路上的探索与奋斗，记录了党领导中国人民创造的业绩与成就。在中国共产党诞生之前，我们的国家山河破碎、一盘散沙，中华民族四分五裂、饱受欺凌，中国人民历尽苦难、备受奴役。为救亡图存，无数仁人志士进行了艰辛探索和不屈不挠的斗争，但仍不能改变中国人民和中华民族的凄惨境地。直到中国共产党走上历史舞台，中国革命才有了正确的前进方向，中国人民才有了主心骨。党史学习教育是牢记初心使命的必然要求。

党史学习教育是坚定理想信念的必然要求。坚定理想信念是每位党员的修身之本。中国“氢弹之父”于敏，“诺贝尔奖”获得者屠呦呦，为核潜艇事业“隐姓埋名”几十载的黄旭华，无一不体现出坚定理想信念是党的光荣传统和优良作风。进入新时代，我们作为新青年要在学习党史中坚定理想信念，在新征程中牢筑信仰之基。

不懈耕耘是颗粒满仓的基础。袁隆平勇于实践，不断创新，他曾经对年轻的大学生们讲，电脑里种不出水稻，要到实践中去学习去锻炼，去实现自己的理想。袁隆平能成为杂交水稻之父，是他靠不断创新杂交种植技术，一步步积累出来的。没有创新，就不会有他的丰硕成果。从嘉兴南湖的红船会议到如今建党百年华诞，从网络互联到5G时代，从“两弹一星”到蛟龙潜海。我们在历史这片土地上扎根、耕耘、播种。我们也立足当下，踏实勤奋，继续收获丰硕的果实，在新征程中不懈奋斗。

2020年，面对新冠肺炎疫情这张全世界共同面临的“考卷”，我国率先控制住严重疫情，并复工复产，成为世界主要经济体中唯一实现正增长的国家；今年，我们书写了中国减贫史上的伟大奇迹。历经百年奋斗和积累，党领导中国人民实现了从温饱不足到全面小康，从一盘散沙到团结和谐，从积贫积弱到繁荣富强的华丽转身，创造出人类发展史上的罕见奇迹。历经百年探索和实践，社会主义在中国焕发出强大的生命力和活力，中国特色社会主义道路越走越宽广，为世界社会主义运动最终胜利提供了生动样本，贡献了中国方案。回顾百年历史，我们不难得出结论：没有共产党就没有新中国，只有社会主义才能救中国和发展中国。中国所取得的一切成就、创造出的一切奇迹，都是建立在党的领导这个坚实基础之上，都植根于党的领导这个中国特色社会主义最本质特征和最大优势之中。

以庆祝建党一百周年为契机，厚植党史学习教育，为中华民族谋复兴助力。作为新一代青年，我们要继承发挥优秀党员的光荣传统，向前不断奋进。我们要学史明理、学史增信、学史崇德、学史力行，坚定理想信念，牢记初心使命，勇于自我革命，为新时代新征程保驾护航。伟大梦想的实现需要我们身体力行，我希望自己在今后的学习中增强本领，扩宽学识，以革命志士的精神为财富，为祖国的繁荣富强贡献自己微薄的力量！

（作者系文学与传媒学院2018级秘书学专业学生）

# 你的样子亦如中国的样子

边毅楠

2020年元宵节诗朗诵的篇目《你的样子》的结尾有这样的几句话久久在我脑海中回荡："你的样子，就是中国的样子/明天我也是你/你什么样，中国就什么样/加油，中国！/加油，每一个人。"你的样子，到底是什么样的？

2003年的非典，对于我们"00后"来说，记忆几乎是空白的；而在这次的新冠肺炎疫情中，我们可以通过网络了解很多信息。对于我来说：正是因为有了无数个"你的样子"，才形成我人生中新的记忆。你的样子，其实我看不清楚，只有白色的防护服陪伴着争分夺秒，但我知道你是医务工作者。你的样子，我却又看得很清楚，摘下口罩留下满脸的压痕，你是医务工作者。你的样子，是为了家人、朋友，更是为了每一位认识与不认识的中国人。你的样子很普通，你扔下医院急需的消毒液和口罩转身就走，你毫不犹豫地捐出攒了很久的钱，你日夜赶工建设火神山医院却不要工钱……面对追问，你说，"只是一点心意"；你说，"我是中国人"……

7月，党旗飘舞；7月，军歌嘹亮；7月，承载着一段辉煌的历史，吟唱着一首经久不衰的歌！2021年的7月就是我们党成立一百周年。一百年的光阴，跌宕流逝，回首这一百年光阴，我们的党在泥泞中起步，在曲折中发展，从上海石库门的星星之火，到嘉兴南湖的点点波澜，我们的党仅靠一艘小船，承载起人民的重托、民族的希望，越过急流险滩，穿过惊涛骇浪，成为领航中国行稳致远的巍巍巨轮，带领中华儿女走出了一条康庄大道。这让所有的中国人自豪地说出“我是中国人”这句话。数十年前，旧中国饱受侵略，满天的硝烟炮火遮住了本就美丽的锦绣山河，流成河的鲜血让每个季节都变得那么的暗淡。而在今天，我们都有了坚强的意志，丢掉了残酷的压迫，一步步在党的带领下站立起来，我们的腰杆儿一点点的挺起来了，挺得越来越直。在这次突如其来的新冠肺炎疫情中，我们在党的部署与领导下我们成功击退了“敌人”，在这场“战疫”中我们的国家表现优秀，在国人的眼中，我们的国家是如此的伟大。

我一直很喜欢这句话：“每一个真实生活过了的小人物的故事，结合起来才构成了历史的本来面目。”从曾经的万里长征到现在的星辰大海，中国共产党一步一步走过来的样子教会我沉着、勇猛、有辨别，能够让我始终沐浴着晨曦的阳光，唱着春天的故事，保持着激荡的心情，并且告诉我：你的样子，就是中国的样子！中国共产党的样子告诉我们，这就是中国的样子。

（作者系文学与传媒学院2019级秘书学专业学生）

# 谢君踏平山前泞，愿君散作漫天樱

周榕宣

一个时代有一个时代的主题，一代人有一代人的使命。对一个民族、一个国家而言，英雄永远是民族精神的重要来源，是弥足珍贵的精神财富。我们饮水思源、缅怀先烈，更重要的是传承英雄精神，争做时代先锋。

2020年，一场突如其来的新冠肺炎疫情，让我们看到了许多平凡人身上闪耀的英雄光环。在这场与看不见的病毒的生死较量中，正是这些平凡的普通人挺身而出，他们也是父母亲的孩子，也是家中幼子的依靠，也是有血有肉、会哭会笑的普通人，可他们用血肉之躯筑成钢铁长城，以最美逆行奏响生命之歌，让我们在寒冷的风雪中，看到了春天的希望，坚定了必胜的信念。

冰雪消融，凛冬已去，春风送暖，荆楚重生。但是，却有一些名字永远留在了冬日里。狂风过后我们重建了一切，祭奠每一位牺牲在一线的英雄，每一位因疫魔而逝去的同胞。我们决不会忘记逝者离去的痛楚，也定会牢记生者奋战的坚毅。山河已无恙，尚飨。

基辛格曾满怀敬意地感叹道："中国人永远被他们之中最勇敢的人保护着。"那么，当我们强大起来之后，是不是也可以成为最勇敢的人中的一员呢？或许，我们比不上为人民解放事业牺牲的烈士，比不上最美的逆行者，比不上凉山救火的勇士们。但我们尝试着为社会献出自己的绵薄之力，我们在各自的小区门口坚守着，在公共服务事业的岗位上坚守着。天地寂寥，人生如朝露昙花。大浪卷淘，枯荣痴醉，浮沉似河沙，我们生而渺小，但可以活得伟大。这或许是一种传承，家人担忧也好，自己忧虑也罢，但在家国情怀面前，只剩下为人民贡献出自己的一份力量的心之所往，志之所向。近代民族沦亡之际，“一寸山河一寸血，十万青年十万兵”“母亲叫儿打东洋，妻子送郎上战场”；在新中国一穷二白，艰难起步之际，钱学森、邓稼先、华罗庚、马大猷等科学家，带着先进的知识，一心归国，穷山距海亦不可阻，为新中国的发展添砖加瓦。在他们的庇护下，我们带着他们的意志见到了中华民族比历史上任何时期都更有能力实现中华民族伟大复兴梦想的新时代，见到了这个疫病消散的春天。我也愿意成为最勇敢的那一批人中的一员，燃烧自己，照亮他人。致敬所有为人民牺牲的英雄们，星河长明，遥祝同安。青山一道同云雨，明月何曾是两乡。你们从未离去，我们学着你们的样子，做着勇敢的人，护国海晏河清。

“一个有希望的民族不能没有英雄，一个有前途的国家不能没有先锋。”让我们在缅怀中传承，让我们将感动化为前行的力量，让我们铭记英雄、崇尚英雄、学习英雄，讲好中国故事，以英雄精神作为照亮前路的灯塔，争做时代先锋，为实现中华民族伟大复兴的中国梦凝聚磅礴力量！

（作者系文学与传媒学院2019级秘书学专业学生）

# 继先人之遗志，往美好之未来

苏亿曼

鲁迅曾说：“愿中国青年都摆脱冷气，只是向上走，不必听自暴自弃者流的话。能做事的做事，能发声的发声。有一分热，发一分光，就令萤火一般，也可以在黑暗里发一点光，不必等候炬火。此后如竟没有炬火，我便是唯一的光。”一个有希望的民族不能没有英雄，在那个年代里，他们就是英雄。

如今，我们生在红旗下，长在春风里。时代变化至如今，这些大家的话仍然充满力量，振聋发聩。近段时间，《觉醒年代》在中央台播出，引起观众共鸣，更是警醒我们青年人要奋斗向上，继往开来。我从这部剧中认识了陈延年，更加深入地了解了这位小小年纪，就有闯荡世界的勇气的人。

陈延年是陈独秀的长子，他自立自强，勤工俭学，既不依靠别人，也不依靠家里。从上学时候起就不向家里索要钱财，在码头搬东西，在校门口卖书，靠着自己挣来的钱交学费。当有人接济时，他也是保有原则，决不接受，包括自己的父亲。起初，他对父亲的一些行为表示不满，但明白父亲心中大义之后，与父亲冰释前嫌。在当时的时代他不盲从大众，自律自省，为自己提出“六不”要求：不闲游，不看戏，不照相，不下馆子，不讲衣着，不作私交。陈延年是革命理想主义者，自青年起就下决心为国家牺牲个人的私欲。陈延年牺牲时只有二十九岁。被捕时，国民党反动派规劝他自首，但他宁死不屈。上刑场时，他宁死不跪，最后被乱刀砍死。

一种悲壮和沉痛压在心底，感谢这些前辈和英烈！我突然明白书上随手划过的话，老师说要考的重点。从明媚少年到冰冷的墓碑再到史书上寥寥几语，那是他们的一生，他们终身的信仰。

看到这些英雄先辈们，我们青年一代应该有自己的思想，持正向善，不辱使命，肩负起属于我们的责任。你所站立的地方，正是你的中国；你怎么样，中国便怎么样；你是什么样，中国便是什么样。

鲁迅先生下一段正是："倘若有了炬火，出了太阳，我们自然心悦诚服的消失，不但毫无不平，而且还要随时赞美这炬火或太阳，因为他照了人类，连我也在内。"

我们青年人，每个人都是这炬火。

（作者系生物与食品科学学院2020级食品质量与安全专业学生）

# 英雄梦长存，中华魂不灭

赵泽杨

我们生活在同一个世界，即使是最平凡的人，也得要为这个世界的存在而奋斗。

英雄，人们耳熟能详的一个词，却是先烈们用血肉奠基的。英雄是什么？是杜甫《蜀相》诗中的“出师未捷身先死，长使英雄泪满襟”，是杨秀清《果然忠勇》诗中的“起义破关千百万，直到天京最英雄”，还是伟大领袖毛主席《中国人民大团结万岁》中的“为人民解放战争和人民革命而牺牲的人民英雄们永垂不朽”？答案是肯定的。当然，那些为时代奋斗过的人都是我们心中的英雄。在繁荣昌盛的今天，没有硝烟、没有斗争，我们同样有许多平凡却不平庸的英雄。

王继才用三十二年执着坚守书写了忠诚爱国，他在孤岛苦苦守了三十二年，克服了常人难以想象的困难，不惧恶劣的环境、不顾亲人的阻拦，毅然决定要去守岛。“当时，我是自愿要去守岛的，组织已经考察过了，领导说，岛上必须得有人去守，我也答应了领导，答应了就要做到”一番朴实而又坚定的话，泪湿了多少人的眼眶。王继才在上岛前家庭条件还算富裕，上岛后虽有工资，但是很难维持家庭的基本开销，他和妻子在岛上过着捉襟见肘的生活，仍没有选择离开，这大概就是内心的一份坚守与责任吧！他用一生诠释了什么是爱国奉献，什么叫忠诚担当，用自身行动告诉我们什么是“家就是岛，岛就是国”的家国情怀；他用“一朝上岛，一生为国”的奉献坚守，为世人树起忠诚无私的榜样，教会了我们何为大爱！

时代成就英雄，英雄铸就时代。每一个时代都有属于这个时代的英雄，他们是这个时代的风向标，指引着时代的风向。说起英雄，我脑海中涌现出了许许多多的人：战争时期的董存瑞、邱少云、黄继光式的革命英雄，和平年代的焦裕禄、孔繁森式的干部英雄……正是这些人的英勇事迹和高尚情操，以及对祖国的热爱，我们的时代发展才有了更好的未来。

在中国的革命事业中，有多少仁人志士英年早逝，正因为有这些人为党的早期事业无悔奉献，才有了如今的太平盛世。他们有胆识、有谋略、有担当；有坚定的信念和崇高的信仰，用自己的方式让我们懂得了什么是共产党人！他们无愧于党旗下的誓言，无愧于心，更无愧于人民。他们的故事或许不尽相同，但是都展现了英雄们那种公而忘私、国而忘家的爱国情怀。在我们的生活中也是如此，英雄不一定抛头颅、洒热血，也可以是润物细无声的，在平凡的事情中奉献自己的一份力量，尽己所能，予你未来。

站在建党百年的这个时间节点上，我们能够更加清晰的了解新中国的成立以及建设的历史，不仅是英雄模范不断涌现的历史，更是无数普通人的爱国热情不断彰显的历史，而身处伟大新时代的青年理应顺势而为，致敬英雄，并不断向他们学习，争做新时代有理想、有作为的青年。

青山绿水长留生前浩气，苍松翠柏堪慰逝后英雄。虽然他们的肉体已经逝去，但是他们的灵魂将长存在中华民族的历史长河中，那灵魂穿越时空，直击我们的心灵，供后人瞻仰学习。

英雄梦长存数十载，中华魂不灭千秋万代。纵然时光转瞬，白驹过隙，中华民族的英雄精神将会一直存在，生生不息。

（作者系生物与食品科学学院2019级生物工程专业学生）

## 学史力行，向英雄致敬

吕珊珊

伟大的时代呼唤伟大的精神，崇高的事业需要崇高的追求。1921年7月23日，这是伟大而又平凡的一天，在上海，十三个人点亮了一把火。这火光，以星星之势，燃向草原；它烧过了井冈山一行人的背影，烧过了两万五千里长征的脚印，烧过了陕西破旧窑洞的床榻，烧尽了人民的枷锁和三座大山。随后在群狼环伺的国际环境中，在布满了战争疮痍的大地上，中国共产党开始了新中国艰难的探索之路，于层层悬崖峭壁之上，磕磕碰碰地蹒跚前进。有一个老人在南海边上画了一个圈，东方沉睡的雄狮，苏醒了。在改革开放的轰隆脚步声中，中国特色社会主义也踏上了时代的列车，高速前行。在此期间涌现了许许多多英雄先辈，有杀身投仁，舍生取义的革命烈士；有投身科研，蜡炬成灰的科研工作者；有如螺丝钉一样，坚韧扎根基层的劳动者；有为了保护群众利益、国家财产无私奉献的英雄人物。以史为鉴，学“四史”，知史爱党，知史爱国，向无数先辈英雄学习他们的宝贵品质，才是我们当代大学生的首要任务。

百年党史是一部“千磨万击还坚劲”的革命史。从南昌的枪声响起，井冈山的星火燎原，到第五次反“围剿”失败，红军不是一支百战百胜的队伍，但绝对是百折不挠的队伍。在日本帝国主义侵略下，是中国共产党最先举起抗日大旗。我们永远不会忘记，九一八事变后，日本人的眼中钉——杨靖宇，领导建立了东北抗日联军，在通化、奉天、吉林安东一带多次打击日寇。1940年由于遭到叛徒出卖，他陷入包围，与日伪军交战五昼夜，最终壮烈殉国。杨靖宇牺牲后，日军残忍地铡下他的头颅，解剖遗体时发现在这个只身与数千名日本兵战斗了五天五夜的抗联司令的肚子里，竟找不到一粒粮食，只有树皮、草根和棉絮……在那些烽火连天的战争岁月中，千千万万的革命先烈以“为有牺牲多壮志，敢教日月换新天”的革命勇气，舍生忘死，才换来了如今这难能可贵的和平与安宁。天若有情天亦老，人间正道是沧桑。中国共产党团结带领全国各族人民救亡图存、浴血奋战，无数革命先烈抛头颅、洒热血，绘成了一幅幅惊天地、泣鬼神的壮美画卷，从而挽救了中国，拯救了中国人民。我们当代大学生，更应铭记历史，缅怀先烈，珍惜当下这来之不易的美好生活。

新中国史是一部“寒彻骨”的建设史。新中国成立初期，数十年的战争带来的是数不尽的血汗泪水，我国的工业水平与发达的国家相比几乎可以说是零，却要养育四万万的人民。邓稼先，隐姓埋名二十八年，在黄沙戈壁中与世隔绝，又因为受辐射身患直肠癌，饱受病痛，但他从未后悔。“唯大英雄能本色，是真名士自风流。”邓稼先，让我很自然地想起这句古语。孟子说：“大人者，不失其赤子之心者也。”邓稼先无疑就是科技界永怀赤子之心的大英雄、真名士。永怀赤诚，永远热泪盈眶，奉献祖国，是我们对待诸多先辈的唯一回答。

改革开放史是“直挂云帆济沧海”的奋斗史，也是一代又一代中国人接力奋斗的创造史。中国成为现在的样子，有一幅幅奋斗的身影，像涓涓细流汇成江海，在四十年波澜壮阔的历史中泛起一朵朵美丽的浪花。其中就有这么一位，他刚到西藏就写下了“青山处处埋忠骨，一腔热血洒高原”的豪言壮举，他就是孔繁森。两次援藏，他先后收养了三名藏族孤儿，在不到两年的时间里，一百零六个乡他跑了九十八个，行程达八万多公里，茫茫雪域高原到处都留下了他深深的足迹。他不幸遭遇车祸后，人们在料理他的后事时，看到两件遗物：一是他仅有的八元六角钱，一是他去世前四天写的“关于发展阿里经济的十二条建议”。这就是孔繁森留下的遗产。在他身上，我看到了一个优秀共产党员的担当，这个时代给我留下的印象让我想起了郁达夫的一句话：没有伟大的人物出现的民族，是世界上最可怜的生物之群，有了伟大的人物，而不知拥护、爱戴、崇仰的国家是没有希望的奴隶之邦。一个前进的时代，总有一种奋发向上的精神；一个发展的民族，总有一种积极进取的意志。正是由于无数劳动者的努力奋斗，才有了我们现在幸福的物质生活。

我们应该回望，回望一步一步蹒跚的脚印；我们应该凝视，凝视风中低语不息的赞歌；我们应该静思，静思我们所思所行所想所为。忆往昔而思今朝，回首一路走来，我们经历了太多的沧桑与磨难，才有如今国泰民安的新社会。于无声处听惊雷，我们向英雄致敬，敬他们热爱祖国、热爱人民的思想境界；敬他们乐于助人、无私奉献的高尚品格；敬他们立足平凡、追求崇高的美好情怀；敬他们爱岗敬业、忠于职守的职业精神。每一位英雄都是一面旗帜，学史明理、学史增信、学史崇德、学史力行。我们向英雄致敬，不忘初心，永远走在大路上，正如鲁迅先生所说，“愿中国青年都摆脱冷气，只是向上走，不必听自暴自弃者流的话……”

（作者系生物与食品科学学院2020级生物科学专业学生）

# 追寻家乡印迹，讲述红色故事

栗佳莹

君自故乡来，应知故乡事。我的家乡在河北邯郸，今天讲述的是邯郸市杨爱公一家的故事。大家一定会好奇，杨爱公是谁呢？又为什么要讲述他们一家的故事。

故事要从 2019 年 9 月 28 日的一场大赛说起。为庆祝中华人民共和国成立七十周年，“我和我的祖国”邯郸市红色故事讲解员大赛在涉县八路军一二九师纪念馆举办，参赛的二十二名优秀讲解员，结合“不忘初心、牢记使命”主题，将其所在地区、单位代表性革命历史人物和红色故事娓娓道来。“在准备比赛时，为挖出最吸引人的情节，我查找了许多细节。结果，挖得越细，感动就越深。左权将军的爱国情、报国志，六十多年前感动了杨爱公一家和世人，如今杨爱公一家人接续守护左权将军墓的事迹感动了我、感动了邯郸、感动了全中国。”这是大赛获得一等奖的讲解员靳晶说的话。她说：“把故事讲到听众心坎里并不容易，自己必须持续提高能力、突破自我，讲好故事，把左权将军的革命精神、杨爱公一家的赤诚之心传递好，世世代代传承下去。”如今，我接过了靳晶的接力棒，成为杨爱公一家人故事的讲述者。

杨爱公与左权将军墓结缘的故事，要追溯到 1942 年。1942 年 5 月，日军对太行抗日根据地实行“铁壁合围”大“扫荡”。时任八路军副参谋长的左权将军为掩护八路军总部等机关突围转移时壮烈牺牲。同年 10 月，左权将军的灵柩安葬在涉县石门村太行山麓的莲花山。左权将军安葬那天，杨爱公也在现场。

那一年杨爱公十三岁，他幼年丧父，不久祖父也被日本侵略者杀害，因此，他对侵略者恨之入骨。他想要为将军、祖父和父亲报仇，可眼前到不了前线，他便开始了为左权将军守墓，他认为这也是一种抗日。从二十二岁开始，他为来参观的人们讲述当年左权将军的英勇事迹，传承着英雄用生命留下的革命精神，用鲜血染红的革命旗帜。杨爱公七十年如一日的守护着左权将军的墓，即使已耄耋之年，步履蹒跚，但每天早上上山看左权将军已不仅仅成为习惯，更是两鬓斑白的老人的信仰，老人的精神感染了他的儿子和儿媳。后来，儿子因车祸身亡，儿媳又接过了守护将军墓的接力棒。可以说他们全家人都为此献出了毕生心血。守护和传承革命先烈的精神是他们的毕生追求。这就是我今天要讲述的杨爱公一家的故事，他们用自己的行动践行着对党的热爱，对信仰的执着，对左权将军的尊敬。

杨爱公一家为左权将军守墓，无私奉献的精神和强大的责任感令人动容，同样令身为老乡的我感到自豪，我决心做精神的守护者和传承者。作为社会主义新时代的接班人，我们应该学习这种无私奉献的精神，将其发扬光大，这是新时代对我们的考验，只有经受住这样的考验，我们才可以作为栋梁，从先辈手中接过交接棒，为实现中华民族伟大复兴贡献自己的力量。

（作者系生物与食品科学学院2020级生物科学专业学生）

# 致敬抗疫英雄

鲍　旭

中国拥有五千年历史文明，从古至今从不缺乏英雄人物。在古时，有像岳飞、文天祥、郑成功这样的英雄，为了民族大义慷慨就义，在近代，有像董存瑞、黄继光和邱少云这样的战斗英雄，无畏生死，为了国家和人民的利益而英勇献身。

其实，每个时代对于英雄人物都有着不同的定义。一百多年前，林则徐为了民族正义虎门销烟，这是民族的英雄。在和平年代，那些为了人民群众的生命安全，拯救人民于水火之中的人便是英雄。在突如其来的新冠肺炎疫情发生以来，有这样一群人，以自己的实际行动，绘就出一幅动人的“群英谱”，激荡出十四亿人民满满的中国情。

而如今，那些为了国家安危，身先士卒、临危受命的人，便成为我们心中不朽的英雄。“侠之大者，为国为民”，疫情肆虐，病毒横行，八十四岁的钟南山院士和七十三岁的李兰娟院士挺身而出，为抗击疫情立下了汗马功劳，他们用自己的行动和精神展现出了“国士”的担当，也诠释了这个时代英雄的含义。“苔花如米小，也学牡丹开”，还有那些在基层岗位上奋斗的工作者们，或许他们没有响亮的名号，也没有特别突出的成就，但他们却能像苔花一般同样为了国家和人民的利益而坚守、绽放。

愿以吾辈之青春，守护盛世之中华。在湖北武汉援鄂四万两千多名医疗队员中约有一万两千名是“90后”，而在护士中，“80后”“90后”更是占到了总数的百分之九十，青年人成为此次抗击疫情的“中坚力量”。在危难时刻他们没有退缩、没有妥协，而是作为勇敢的“逆行者”践行着使命，有的甚至献出了生命。二十九岁的医生彭银华因患新冠肺炎抢救二十七天无效去世，他和妻子已领结婚证，已有爱的结晶，但斯人已去，他办公桌抽屉里的婚礼请柬，还没来得及发出去，推迟的婚礼，再也无法举行。湖南“90后”乡镇医生宋英杰在抗疫一线过度劳累而猝死……曾经战斗在疫情一线的青年人，他们将自己的青春绽放在抗击疫情的战场上，将自己的生命献给了国家和人民，他们是祖国的骄傲，是人民心中的英雄，正是因为他们的舍身奉献，才有了如今的幸福安宁，抗疫群英谱中将会永远地镌刻他们的事迹，他们的英勇事迹也将激荡起这个时代中不朽的中国精神。

黄沙百战穿金甲，不破楼兰终不还。火神山、雷神山医院建设的奇迹，让世界惊叹中国速度；“英雄造时势，时势造英雄。”四万多名医疗队员的火速驰援也让世界感受到了中国力量的震撼。一封封请战书，一个个请战的姿态彰显了平凡英雄们的伟大，也见证了一个民族强大的凝聚力。在最危险的时期，那些抗疫英雄们一句句动人的话语、一幕幕的感人瞬间无不让全国人民为之敬仰，让整个世界为之赞叹。一千多年前，“黄沙百战穿金甲，不破楼兰终不还”描述了戍边将士勇夺胜利的英雄气概，如今，这也是对抗疫英雄们勇敢精神最好的称赞。

中国抗击疫情胜利的背后，记录的是“逆行”英雄们璀璨的身影，镌刻的是他们耀眼的瞬间，他们的事迹将会被世人所传唱，也会被历史所铭记。如今，英雄们所激荡起的中国情，将不断激励我们前行。

（作者系教师教育学院2018级学前教育专业学生）

# 青春向党，不负韶华

郭红新

寻一抔泥土，存印着你轻轻踏过的足迹。

寻一缕朝阳，照耀着你秀丽如画的容颜。

寻一湾清泉，流淌着你生生不息的血液。

我们生在红旗下，长在春风里，人民有信仰，国家有力量，目光所至皆为华夏，五星闪耀皆为信仰！一切伟大成就，都是接续奋斗的结果，一切伟大事业，都需要在继往开来中推进，身为新时代青年的我们更应该挑起这份历史的重担。

习近平总书记指出："全党同志要做到学史明理、学史增信、学史崇德、学史力行，学党史、悟思想、办实事、开新局，以昂扬姿态奋力开启全面建设社会主义现代化国家新征程，以优异成绩迎接建党一百周年。"习近平总书记的讲话为我们指明了党史学习教育的方向。

其中，"学史增信"这个"信"是信仰、信念、信心，无论过去、现在还是将来，对马克思主义的信仰，对中国特色社会主义的信念，对实现中华民族伟大复兴中国梦的信心，都是指引和支撑中国人民站起来、富起来、强起来的强大精神力量。这个"信"是道路自信、理论自信、制度自信、文化自信，有了"自信人生二百年，会当水击三千里"的勇气，我们就能毫无畏惧面对一切困难和挑战，就能坚定不移开辟新天地、创造新奇迹。

习近平总书记指出："一切向前走，都不能忘记走过的路；走得再远、走到再光辉的未来，也不能忘记走过的过去，不能忘记为什么出发。”奋斗百年路书写恢宏史诗，起航新征程再绘宏伟蓝图，有力证明了马克思主义和社会主义道路的正确性，充分反映了中国共产党始终与国家命运、人民幸福息息相关。学习党史，才能牢记我们的根基在何处，以信仰之光照亮前行之路，用如磐初心凝聚奋斗伟力，进一步明确我们的奋斗方向，在新的历史征程上接续谱写新的篇章。

初心使命，历久弥新。党的百年历史，是一部践行党的初心使命的历史，是一部党与人民心连心、同呼吸、共命运的历史。事实充分证明，我们党之所以能够攻克一个又一个看似不可攻克的难关，创造一个又一个彪炳史册的人间奇迹，就在于我们党无论是弱小还是强大，无论处在顺境还是逆境，始终初心不改、矢志不渝、践行使命、不懈奋斗。通过党史学习教育，树牢对党忠诚的政治品格，做到心中有党明大德；树牢为民服务的根本宗旨，做到心中有民守公德，把“人民至上”写在纸上、放在心上、更落实到行动上；树牢清正廉洁的底线意识，做到心中有戒严私德，永葆党的先进性和纯洁性，让流淌血脉中的红色基因，转化成为披荆斩棘、砥砺前行的不竭动力。

百年大党，风华正茂。开展党史学习教育，是一场唤醒红色基因、赓续光荣传统的精神磨砺，宣示了新时代共产党人“不忘初心，牢记使命”的坚定决心，教育引导全党深刻认识党的性质宗旨，坚持一切为了人民、一切依靠人民，始终把人民放在心中最高位置、把人民对美好生活的向往作为奋斗目标，不断用党的奋斗历程和伟大成就鼓舞斗志、明确方向，用党的光荣传统和优良作风坚定信念、凝聚力量，用党的实践创造和历史经验启迪智慧、砥砺品格，让初心使命成为锐意进取、真抓实干的内生动力。

忆往昔峥嵘岁月稠！看今朝风正一帆悬！我们接过历史的接力棒，重任在肩、风雨无阻、使命光荣，定然不忘初心、不辱使命、不负韶华，在学习党史中明理、增信、崇德、力行，向党和人民交出一份优异的“赶考成绩”。

青春芳华，稍纵即逝。青春之美不在于闲散快活，而在于满腔热血和一股冲劲，我们始终怀揣着奋斗之心，英勇向前。唯有为人生奋斗、为境遇奋斗、为时代奋斗，才不负韶华、青春无悔。

生逢盛世，肩负责任。青春的颜色五彩斑斓，唯有以红色做底，立大志、明大德，将有限的青春融入民族复兴，国家强盛，人民幸福而奋斗的无限事业中去，多彩的青春才能更加绚烂。

（作者系音乐舞蹈学院 18 级音乐学专业学生）

# 负重前行的人

刘子仪

每个人都爱英雄，每个人都尊重英雄，每个人都希望成为别人的英雄，然而，当他们为此奋斗，为此努力打拼的时候，却并不知道“英雄”的真正含义，也不知道真正的英雄是什么。我们从小听大人说、从课本上学、从电视看到过许许多多英雄，他们为什么会被称为英雄呢，因为他们有勇有谋不急功近利，只为求得天下太平，万民安居乐业，不愧对自己的良心，仅此而已。

邱少云是我们耳熟能详的一位英雄，1952 年 10 月，邱少云所在部队担负攻击金化以西“联合国军”前哨阵地 391 高地作战任务。为缩短进攻距离，便于突然发起攻击，11 日夜，部队组织五百余人在敌阵地前沿的草丛中潜伏，邱少云正是其中一员。391 高地地势险要，火力集中，要在敌人的眼皮子底下隐蔽二十多个小时，可想而知，这是多么艰巨的任务。邱少云所在的班埋伏在整个部队的最前头，距离敌人工事只有六十多米。第二天早晨，战士们已经埋伏了一个晚上，虽然大家都很累，但是仍然顽强地坚持着，一动不动。上午时分，敌人为了防止被偷袭便开始向高地上发射燃烧弹，不幸的是一发燃烧弹落在邱少云的潜伏的附近，草丛立即燃烧起来，火势迅速蔓延到他身上。他身后就是一条水沟，此刻，邱少云只要在泥水里打个滚，或者翻动一下身子，就可以把火苗扑灭，但是他深知这样做会暴露整个潜伏区的战友，这次潜伏行动就会失败。于是，他坚定地潜伏在草丛中，一动不动，任凭烈火烧焦他的头发和皮肉，坚持三十多分钟，直至壮烈牺牲。为了战斗取得最后的胜利，他用超强的意志和毅力强忍着烈火烧身的剧痛直至生命的最后时刻，当人们找到他时，只能看到一双手深深的插在泥土里。他用短暂的二十六年的青春年华谱写了“对党忠诚、严守纪律、顾全大局、勇于担当”的少云精神。

在抗美援朝时期，我们有面对烈火坚强意志的邱少云，当代有面对疫情勇往直前的钟南山院士。2003 年，他是抗击非典的英雄，十七年后的他又一次战斗在抗击新冠肺炎的战场上，他总是出现在最危险的地方保护大家。抗击非典的时候，他说过一句话：“把最危重的病人送到我这里来。”为了挽救更多的生命，他争分夺秒，连续多天不休息。新冠肺炎疫情发生后，他奔赴疫区，做了最美、最勇敢的逆行者。他义无反顾地登上去武汉的高铁。到达武汉后，钟南山院士又马不停蹄地赶往金银潭医院查看病人状况，与医务人员共同研究治疗方案。钟南山院士舍去休息时间，时刻为病人着想，他这种舍己为人的精神难道不值得我们学习吗？他尊重事实，鞠躬尽瘁的敬业奉献精神，严于律己、宽以待人的博爱精神深深地打动着我。

作为一名大学生，我虽然不能像邱少云烈士一样奉献自己，也不能向钟南山院士一样为国家做一些重要的突出贡献，但是我可以用自己的力量为学校这个大集体做一些力所能及的事情，作为一名艺术生，我会努力学习，提升服务社会的本领，为学校增光添彩。我在 2020 年成为一名入党积极分子，有了这个身份，我的肩上就多了一份责任，我应该严格要求自己让自己变得更加优秀，成为别人的榜样，带动周围的同学一起变得更加优秀。我知道祖国的繁荣昌盛不是一个人建设出来的，而是靠大家齐心合力拧成一股绳共同建设的。我立志投身于“星火计划”，到新疆支教，我肯吃苦，有耐心，有责任心，希望用自己所学的知识去帮助那里的孩子，用音乐歌颂美好生活，讴歌新时代。

岁月静好，只是因为有人负重前行，感谢为信仰“战斗”的人。

（作者系音乐舞蹈学院 2019 级音乐学专业学生）

## 学习党史，砥砺前行

安金洲

中国共产党党史是一部大气磅礴的奋斗史，体现了党与时俱进、艰苦奋斗、自我革新的优良品质。通过党史教育学习，引领我们重温初心，树立为民情怀。

1921 年 7 月 23 日，中国共产党第一次全国代表大会在上海开幕，1945 年抗日战争胜利，1949 年解放战争胜利。1978 年党的十一届三中全会作出了实行改革开放的新决策，将工作重心转移到经济建设上来，中国经济实现了腾飞发展。2017 年，中国共产党第十九次全国代表大会在北京召开，习近平新时代中国特色社会主义思想确立为我们党必须长期坚持的指导思想并写入党章，实现了党的指导思想的又一次与时俱进。

党的十九大以来，我们党团结带领全国各族人民继续在攻坚克难中奋力突破，在披荆斩棘中坚定前行。可以说，经过中国共产党成立以来一百年的接力奋斗，我们党带领人民迎来从站起来、富起来到强起来的历史性跨越的新阶段，中华民族伟大复兴展现出光明的前景。现在的我们比历史上任何时期都更接近中华民族伟大复兴的目标，比历史上任何时期都更有信心和能力实现这个目标。

作为青年大学生，我们要学党史，为人民服务，向党组织靠拢。作为青年大学生，学习党史使我明白当前我们的任务是拥党、立志、向党，我们不仅要努力学习文化知识，学习服务社会的本领，而且要加强身体素质的锻炼。同时，我们还要做到自重、自省、自警、自励，不断进行批评与自我批评，纠正自己的错误，端正自己的行为，明确自己的目标。作为青年大学生，在学习上、工作生活中都要学会独立思考，才能让问题得到本质性的解决，让过程得以升华。

在前进道路上，不确定因素和难以预料的困难仍会很多。我们在满怀信心地向前迈进时，对这些要有足够的精神准备。习近平总书记在全国脱贫攻坚总结表彰大会上指出："中国共产党领导和我国社会主义制度是抵御风险挑战、聚力攻坚克难的根本保证。只要我们坚持党的领导、坚定走中国特色社会主义道路，就一定能够办成更多像脱贫攻坚这样的大事难事，不断从胜利走向新的胜利！"

（作者系音乐舞蹈学院 2018 级音乐学专业学生）

# 砥砺前行，致敬伟大英雄！

李前程

“一个有希望的民族不能没有英雄，一个有前途的国家不能没有先锋……”

现如今，我国正发生着日新月异的变化，我们正一步步向着实现中华民族伟大复兴的目标前行。前行的路上，我们需要英雄，需要英雄精神不断激励我们的斗志。

中国共产党是永不驻足的行者，在漫漫征途中上下求索、砥砺前行。中国共产党诞生于1921年7月，它如一道红光从东方升起，一路披荆斩棘、风雨兼程。1934年10月，中共中央高举抗日救亡旗帜，率领中央红军从江西瑞金出发，粉碎国民党军队的围追堵截，战胜无数艰难险阻，于1935年10月到达陕西省延安吴起镇。此后，中国共产党从延安走向西柏坡，走向北平，解放了全中国。

在中国共产党的带领下，祖国日益强大，人民过上了幸福生活，创造了不可磨灭的功绩。今天的中国，早已没有战争的苦难纠缠，但英雄的精神依然在默默为我们守护着这份安宁。

在2020年，突如其来的新冠肺炎发生时，全国各地的白衣天使主动请缨，在请战书上毫不犹豫地按上自己的手印。他们不顾个人安危，无私奉献，迎着危险出发。他们当中有的甚至没有告诉自己的家人，他们知道此次前往，有可能面临被感染的风险，可他们却“明知山中有虎，偏向虎山行”，执着坚守诠释着最美“逆行”，一位奔赴一线的医生在朋友圈中说出这样一段话：“别叫我天使，因为我并没有翅膀！别称我英雄，因为我也心存畏惧！没有什么大道理，也没有什么豪言壮语，这只是我的职责所在。”

在这场抗疫中，我们谁也不是旁观者。虽然大部分人不能到第一线战斗，但却可以尽我们所能。作为学生，我毫不犹豫地加入了志愿者的队伍，协助医生帮助全体小区居民进行核酸检测（共两次），严格登记外出人员与车辆，积极宣传防疫政策要求。我为自己能帮人民群众做一些力所能及的志愿服务工作感到骄傲和自豪。

即使在平淡的生活中，英雄们崇高的精神也时刻激励着我们。在物质极大丰富的当今社会，人们难免沉浸于“名利”之中，但历经战火洗礼、理想信念坚定的共产党人却告诉我们“荣名利禄云过眼”。

九十五岁的老英雄张富清，一生深藏功名，即便先进事迹被发掘，也拒绝采访和宣传，他说：“和我并肩作战的战士，献出了自己宝贵的生命。一个排、一个连的战士，都倒下了。他们对党忠诚，为人民牺牲。和牺牲的战友相比，我有什么资格张扬呢？”直到有人提醒他把先进事迹讲出来可以教育更多的人，也是对党和国家事业做贡献，他才接受。在老英雄的心中，比追逐名利更高尚的，是追求生命的意义与价值。

在我心中，英雄是伟大而崇高的，他们在祖国危难之际用血肉之躯筑起了最坚固的长城，他们没有为一己私利而向祖国索要过什么，但却用艰苦奋斗、全心全意为人民服务的精神创造了如今新中国的辉煌！他们不是历史故事里的“王侯将相”，他们只是平凡世界最普通的一员，但因为这英雄的精神，而成为我心中不朽的丰碑！

（作者系音乐舞蹈学院 2020 级音乐学专业学生）

# 天地英雄气，千秋尚凛然

曹颢远

刘禹锡在《蜀先主庙》所感慨的诗句："天地英雄气，千秋尚凛然。"如今习近平总书记重新提起。虽然不是一个时代，但是却永相传。相传的是什么？是英雄气，其位于天地之间，千秋之后仍凛然于世间。

说起宋元交替之际，人们总是最熟悉文天祥，可虞允文却被忘记。绍兴三十一年（1161），金国海陵王完颜亮发动全国六十万兵力，组成三十二支大军，分四路大举南侵，直奔宋朝杀来，势在一举灭亡南宋。金国大军势如破竹，宋朝政权岌岌可危，虞允文却恰巧在这时以中书舍人参谋军事的身份，代表南宋政府犒劳驻守采石矶的将士，而金海陵王大军也正在策划由采石矶渡过长江。这时，原来负责督军的主帅弃军逃走，正在等候朝廷任命的后任。虞允文袛为犒师，本身并不需要恪守疆土。此时却亲自督师，可谓是"受任于败军之际，奉命于危难之间。"他向散漫在江边的士兵演说："万一敌兵过江，我们就是后退也没有生路，现在长江天险还控制在我们手里，我们何不死中求活！况且国家养兵三十年，我们难道就不能一战报国吗？"这番演说大大振奋了军心，成功把士兵团结起来。他随即把散处沿江各处无人统辖的军队迅速统合起来，以一万八千兵力与百万金军决战于采石矶，最后大获全胜，赢得了著名的"采石大捷"。事后，病重的四川统帅刘锜握其手言："朝廷养兵千日，竟使书生立功！"以是知名。英雄气就在这其中一直弥漫，绵延至今。

英雄气也有书生义气和挥斥方遒。郭爱克院士两次出国留学，第一次去的是苏联的莫斯科大学，第二次是西德的慕尼黑大学。两次的留学经历，对郭爱克来说语言是一大关，然而他经过集训、自学等方式，奇迹般地两年就获得了博士学位。这些说成奇迹其实并不合适，因为这背后充斥着爱国之情与求知之热。回国之后他去了生物物理所与贝时璋先生工作。贝时璋先生也是一位十分著名的生物物理学家，可是他居然给一个新来的学生——郭爱克翻译德文文献。他回忆道："贝老对我个人最大的一个教诲，就是他交叉科学的思想，这也是生物物理所立足的一个核心思想。那时候，大家对交叉科学很少有像贝老这么高瞻远瞩的认知。我觉得生物物理所成长壮大，都应该感恩这样一位大师级的所长。贝老不是一般的科学家，他是有战略性思考的大科学家。生物物理所的学科设计，他有整套的一个远景规划蓝图。我觉得这很伟大。"我在寒假有幸去生物物理所待了两个月，在一号楼大厅有贝老的半身像，这就足以证明生物物理所的人们对他的尊敬了。他们用的是自己的头脑和技术建设祖国，也是十足的英雄。英雄气就在这其中弥漫，并且绵延至今。

郁达夫在纪念鲁迅大会上说："一个没有英雄的民族是不幸的，一个有英雄却不知敬重爱惜的民族是不可救药的，有了伟大的人物，而不知拥护、爱戴、崇仰的国家，是没有希望的奴隶之邦。"作为英雄众多的中华民族的儿女，我们应当更加拥戴英雄们，并且努力成为自己的英雄、家人的英雄、祖国的英雄、世界的英雄！

（作者系物理与电子工程学院 2020 年级新能源科学与工程专业学生）

# 你的样子，就是中国的样子

范琳婕

时代扑面而来，转瞬即成历史。漫漫长河中，你是否看到诸葛亮以恢复中原为毕生责任，六出祁山，鞠躬尽瘁死而后已；人民的好总理周恩来少时就心怀壮志，讲出“为中华之崛起而读书”的豪言壮语。我们的国家走到现在不是偶然，而是由千万个人负重前行创造出来的。

庚子伊始，有很多人离去。湖南“90后”小伙宋英杰，自请投身新冠肺炎疫情的抗疫一线，连续奋战十余天，却因劳累过度猝死在了医院宿舍，年仅二十八岁。他用生命实现了自己青春的价值！

如果没有疫情，大年初八应该是武汉市江夏区第一人民医院医生彭银华和妻子举办婚礼的日子，但疫情来袭，他和妻子达成“疫情不散，婚期延迟”的共识之后就上了一线。他拒绝同事让他回家休息的提议，两天接诊三百多位门诊病人，过度劳累，感染了新冠肺炎。武汉市金银潭医院护士曾在病房给彭银华拍照，照片里的彭银华躺在床上，手摆“V”的手势，看着镜头，微微笑着。2月20日，彭银华经抢救无效，在武汉市金银潭医院去世，年仅二十九岁。他的妻子正怀有身孕，办公桌的抽屉里还放着没来得及分发的婚礼请柬，但是她却再也等不回她的新郎了。

历史与现在无数次地向我们证明，原来所谓责任，不是那些强制性的义务，而是他们向我们展示的，作为一个人，作为一个中国人，应该有的那一份对国家对民族的情怀。

感谢有人对我说“要相信这个社会的自净能力”，也感谢无数个在寒冷冬夜里为我们提灯照明的守夜人，告诉我未来的路，就是将历史与现在的双手合十，握紧责任，坚定地走下去。

近日看到一句话："时代的灰尘落在一个人身上就是一座山，但若落在一群人身上，可能只是一层沙。"这句话如同午后西落的阳光，隔着婆娑树影打进来，斜照在脸上，不显炽热，也已不生凉。

愿你我共勉，无尽的远方，无数的人们，都与我有关。那无尽的远方就是国家的未来。而我们，就是中国的模样！

此后如竟没有炬火，我便是唯一的光。

〔作者系旅游与航空服务学院2019级旅游管理（校企合作）专业学生〕

# 薪火相传，致敬英雄

樊力颖

经过时间的消磨，有些人或物必将消逝，这些人或物虽消逝，但精神却是不朽，正因为精神的存在，消逝的人或物才会被缅怀，薪火相传，品格在，精神在。风会吹走飘落的枯叶，但吹不走树木旺盛的生命力；珊瑚虫虽死，但灿烂的珊瑚证明他们存在过。

致敬英雄，致敬无数仁人志士敢于反抗的革命精神。

1919年，在巴黎和会上，中华民族的尊严被无情的践踏。“外争主权，内除国贼”“取消二十一条”“还我青岛”等口号响遍大街小巷，响彻大江南北。数千名北京热血青年学生发出怒吼。随后，全国各界纷纷声援，加入斗争的行列……经过一个多世纪，往事烟消云散，但那些爱国人士不屈的品格依旧熠熠生辉，让我们怀着崇敬的心情将他们深深铭记！

致敬英雄，致敬硝烟中坚强不屈、舍生忘死的抗战精神。

日本关东军自导自演“柳条湖事件”，短短四个月内，东北一百万平方公里的土地被日军全部占领，民族危亡形势严峻！无论是在正面战场还是敌后战场，无数的战士，无数的爱国人民抛头颅、洒热血，面对敌人的威逼利诱，爱国之心未曾动摇。因为经历过硝烟，所以得知和平来之不易，因为身处和平，所以更加珍惜，先辈们用血肉之躯筑起钢铁长城，他们有的是家喻户晓的烈士，有的是未被所有人熟知的无名英雄，但都同样被我们深深缅怀，被我们由衷致敬。

致敬英雄，致敬奋斗不息拼搏进取的探索精神。

在万众瞩目下，新中国成立了，风雨砥砺，岁月如歌，新中国的历史画卷徐徐展开。新中国成立后，人民艰苦奋斗，从最初的站起来到富起再来到强起来。第一颗原子弹的爆炸打破了帝国主义的核讹诈、核封锁，神州的升天标志着中国进入“大航天”时代，大庆油田的开发让中国脱掉了贫油的帽子，带来巨大财富……无数的成就让中国傲立于世界民族之林，画卷花团锦簇，因为笔耕不辍，这些成就的背后离不开那些默默无闻，无私奉献的英雄。

致敬英雄，致敬甘于奉献，万众一心的抗疫精神。

2020 年是不平凡的一年，新冠肺炎疫情肆虐，病毒横飞。街道上，小巷里，死寂代替喧嚣，无助迅速蔓延。封城封村，但封不住拳拳爱国心。山川异域，风月同天，无数的白衣战士奔赴抗疫一线，昼夜不眠，与死神展开较量。岂曰无衣，与子同袍，各省各市，捐款捐物，筹备物资，为抗疫疏通生命线。他们之中有的平凡有的伟大，但他们都为了人民的生命安全做出最大努力。为天地立心，为生民立命，白衣战士和默默无闻的抗疫工作者披荆斩棘，用担当精神谱写壮丽诗篇。

英雄品格自是一流，铭记英雄、致敬英雄、缅怀英雄，接过那不灭的薪火，让它燃烧得更加光明灿烂吧！

（作者系教师教育学院 2020 级小学教育专业学生）

# 幸得有你，山河无恙

李天澳

在硝烟弥散，战火纷飞的年代里，有这样一群人，他们朝气蓬勃，昂扬向上，只为捍卫民族的脊梁，守护心中的信仰；他们不畏黑暗，不惧危险，只为勇敢的正义发声，找寻真理的方向；他们奔向街头，举起旗帜，只为唤起那些麻木的良知，向入侵者宣告中华民族不会倒。

有这样一群人，他们或远渡重洋，用知识武装自己，待学成归来，隐姓埋名，为国增光；他们或以笔为枪，用文字唤醒国人，“不在沉默中爆发，就在沉默中灭亡”；他们或穿上军装，拿起枪支，肩上背负着使命担当……

时光荏苒，拨开历史的烟云，心中依旧颇为感慨。无数战士，为民族英勇就义，为革命献出生命。让我们乘坐时光机，一起回顾那段可歌可泣的历史。

时光回到 1907 年，我看到一位英姿飒爽的女子在绍兴轩亭口从容就义，我耳边回荡起秋瑾的话语：“我此番赴死，是为革命，……死并非不足惧意，亦并非不足惜，但牺牲之烈，之快，牺牲之价值，竟让我在这一刻，自心底喜极而泣。”时光回到 1919 年，一声呐喊响彻了满目疮痍的神州大地，有这么一群青年，高举着爱国的旗帜，用热情点燃了属于他们的五四火种。时光回到 1921 年，我见证了嘉兴南湖一艘游船上党的成立，我看到那群青年的眼睛里闪烁着熠熠星光。时光回到 1945 年，我见证了日本在投降书上签字，我看到了同胞们的笑颜。时光回到 1949 年，我看到了五星红旗在天安门广场上冉冉升起，听到了毛主席庄严宣布中华人民共和国成立了。时光回到1952年的一个夜晚，我看到参加抗美援朝的战士罗盛教，伏在桌子前写信。时光回到1986年，我跟随一个身体佝偻的老人去天安门广场看一看，看着高耸入云的人民英雄纪念碑，他问身边的工作人员："再过几十年，还有人记得我们吗？"如果我真的可以穿越时空，我想对您说："祖国和山河会记住您，党和人民会记住您！因为您是邓稼先。"英雄不容忘却，英烈不容亵渎。

曾看到这样一句话："黄昏将至，我吃着白米饭，喝着快乐水，想不通这些身体强壮的士兵为什么会死，我在深夜惊醒，突然想起，他们是为我而死。"即便是和平年代的现在，在我们看不到的地方，还有一群人默默守卫着祖国边境，风餐露宿，无怨无悔。"我站立的地方是中国"，这是戍边战士对祖国的庄严承诺，他们以"清澈的爱，只为中国"作为战斗口号，誓死捍卫祖国。

英雄的力量是奋斗与梦想的力量，致敬英雄，是为了不忘历史，守望未来；是为了不忘初心，砥砺前行。枪林弹雨的年代已经过去，筚路蓝缕的建设正在书写历史，但在新的征程中，时刻伴随着无数风险和挑战。百年之前，若是没有那群疾呼奔走的青年，时代之光必会熄灭；百年之后，深处巨大变革之中，生活在新时代的我们，要肩负起建设祖国的重任，学以致用，不负时代所托，传递英雄精神的火炬，用行动捍卫着这个时代，用行动铸就属于中国的未来！让英雄情怀激荡历史力量，传承民族英雄精神。让理想之光不灭，让信念之光永存。

（作者系资源与环境科学学院2019级环境生态工程专业学生）

## 致敬英雄

韩伊然

重温百年漫漫，前程也曾昏暗无光。谁能想，嘉兴南湖，一艘红船，竟然从此托举起世纪的荣光。于是，他撕破了长夜无边，在旭日东升的晨曦中，雄狮傲立东方，发出振奋人心的宣言！无数人为之欢乐，无数人为之狂喜，无数人为之震撼，无数人为之欣慰！

“人民英雄永垂不朽”，我陷入了沉思。何为英雄？我一遍又一遍地问自己。

英雄，应是像邱少云一样的志愿军，有着胸怀大爱和钢铁般的意志的人。

英雄，应是像高凤英一样的战士，马革裹尸还，献出了年轻的生命，英魂安息。

英雄，应是像鲁迅一样的民族魂，寥寥数页的《狂人日记》，开启了惊天动地的呐喊，文坛从此不再彷徨。

英雄，应是像邓稼先一样的“两弹一星”元勋，在风雪里开拓，在大漠里拼搏，隐姓埋名，把泪水挥洒在祖国的大漠戈壁。

所谓英雄，应该是那些顶天立地的，对时代有着重大影响和贡献的人。

回顾百年历程，岁月悠长，波澜起伏。如今，航母已扬帆，大海浩瀚，承载起了璀璨辉煌的今天。

何为英雄？我一遍又一遍地问着自己。

英雄，应是低调踏实的科研工作者。喜看科研新进展，坚持不懈苦深钻，为华夏民族辉煌打下坚实的基础。

英雄，应是奋战一线的医护人员。医者风范，大爱无疆。与时间赛跑，与死神斗争，穿上防护服的他们，仿佛是刀枪不入的钢铁战士。

英雄，应是支援山区的扶贫干部。他们辛苦奔波，将青春岁月交与事业，更甚者将宝贵生命留在大山深处……

所谓英雄，应是那些默默奉献，为民族复兴添砖加瓦的人。

有人说过这样一句话：“哪有什么岁月静好，只不过有人在替你负重前行。”我觉得它放在这里最为妥当。我们如今的衣食无忧，又是多少英雄用青春热血换来的呢？

2019 年 3 月 30 日 17 时许，四川省凉山木里县内发生森林火灾。第二天下午，在扑火行动中，因风力风向突变，突发林火爆燃，瞬间形成巨大火球，二十七名森林消防指战员和三名地方扑火队员壮烈牺牲。这是一份沉重的名单，火灾中牺牲的三十名烈士，有四人来自甘肃，他们是岷县籍烈士赵耀东，武都籍烈士郭启、王佛军，金昌籍烈士孟兆星。其中，未满十九岁的王佛军，是烈士名单中年龄最小的一位。

在这场血与火、生与死的考验面前，他们与队友一起，视灾情为命令，视灾区为战场，第一时间投入救火行动，为保卫森林生态资源、维护生态安全，勇敢与烈火进行殊死搏斗，用自己的鲜血和生命，忠实的践行了对党忠诚、纪律严明、赴汤蹈火、竭诚为民的庄严承诺。在他们身上，体现着临危不惧的英雄气概，彰显出舍生忘死的高尚品格，淋漓尽致地体现了在关键时刻挺身而出、危急关头冲锋在前的担当精神与奉献精神。他们是新时代最可爱、最可敬的人，也是中国人民的自豪与骄傲。

狼牙山五壮士，为保护八路军主力转移而英勇跳崖；八女投江，为掩护大部队突围而壮烈牺牲；杨靖宇，忍受饥冻孤身战斗至死，当敌人剖开他的胃，里面全是树皮和草；赵一曼，鞭打竹签昼夜提审逾月，始终坚持不吐一字……

感恩这些英雄们，你们一路走好，你们的梦想会有人完成，你们的身后有我们！

我们生于世纪的起点，是承前启后、再创辉煌的一代。我们应当继承英雄的精神，让少年的蓬勃气象成为中华永恒不衰的气象，让我们的祖国成为不败的辉煌！

（作者系资源与环境科学学院2020级地理科学专业学生）

# 向英雄模范致敬

高慧茹

一个有希望的民族不能没有英雄，一个有前途的国家不能没有先锋。

每个时代都有每个时代的气质，但只有坚守信仰、崇尚光荣者，才能定义一个时代的精神风貌。在缅怀中唤醒记忆，在表达中传递真情，就能点燃人们心中的精神火炬，照亮全社会的爱国情怀与英雄精神。

于敏、申纪兰、孙家栋、李延年、张富清……在新中国七十年的不凡岁月中，闪耀着这样一个个光辉的名字，一段段感人的故事，感召和激励着亿万国人继承和弘扬忠诚、执着、朴实的鲜明品格，用实际行动为实现“两个一百年”奋斗目标、实现中华民族伟大复兴中国梦贡献力量。

被誉为“中国核潜艇之父”的黄旭华是“共和国勋章”获得者之一。新中国成立后面对国际封锁，他隐姓埋名三十载，在极端艰苦的条件下成功研制我国第一艘核潜艇。中国商飞上海飞机设计研究院高级工程师鲁龙豪说：“作为一名中国大飞机事业的奋斗者，我能体会到黄老的感情，我立志将个人小坐标放在祖国的大坐标上。我和我的同事们充满信心，将以所有默默奉献的大国脊梁为榜样，胸怀祖国，脚踏实地，立足本职岗位，为祖国的大飞机事业贡献全部力量。”

“国之英者，世之楷模。共和国勋章、国家荣誉称号获得者每个人的身份、岗位都不尽相同，但有一样是相同的，就是他们对党和国家的无限忠诚，对广大人民的赤子之心。”中国航天科工集团二院低轨宽带通信试验卫星总设计师向开恒激动地表示：“孙家栋作为我国人造卫星技术的开创者之一，他一生都在追‘星’，而他也是我们一代代航天人最应该追的‘星’。过去几十年间，在老一辈航天人的带领下，中国航天事业实现了飞跃，我们的许多梦想逐一变成了现实。”向开恒说：“当前，我和我的团队正致力于构建我国自主创新、覆盖全球的低轨卫星互联网系统，铸就大国重器。我们新一代航天人要努力学习航天老前辈的精神，发扬他们的优良作风，完成好我们这一代人的历史使命。”

他们是真正的国家栋梁、民族复兴的先锋。他们既是一个个熟悉的名字，更是一个个鲜活的个体，他们不懈奋斗的精神和事迹是亿万中华儿女的榜样。这些榜样给予我的不仅是自豪感，更是激励和鞭策。对我来讲，唯有在工作中心怀敬畏、精益求精、勇于创新、追求极致，才是向这些模范致敬的最好方式。

我们的先烈用赤子之心和满腔热血守护这片土地，用钢铁之躯铸就国家新的长城，所以我们一定要铭记烈士们的遗愿，永志不忘他们为之流血牺牲的伟大理想。继承是最好的纪念，开创是真正的永存，理想之光不灭，信念之光不灭，祖国是人民最坚实的依靠，英雄是民族最闪亮的坐标。认同英雄，就是认同正确的价值观；追随英雄，就是追随真善美；颂扬英雄，就是颂扬正能量。无论时代怎样变化，英雄始终是我们内心的坚守、追随的真理、讴歌的对象。岁月流逝，英烈忠魂不朽。

每个时代有每个时代的气质，但只有坚守信仰、崇尚光荣者，才能定义一个时代的精神风貌。在缅怀中唤醒记忆，在表达中传递真情，就能点燃人们心中的精神火炬，照亮全社会的爱国情怀与英雄精神。

“天地英雄气，千秋尚凛然。”无数英雄先烈是我们民族的脊梁，是我们不断开拓前进的勇气和力量所在。崇尚英雄、缅怀先烈，激扬英雄精神，砥砺家国情怀，我们才能同心同德，凝聚力量，不懈奋斗，永远前进。

（作者系资源与环境科学学院2020级环境生态工程专业学生）

# 百年征程，英魂尚留

高嘉丽

一百年风雨兼程造就了中国如此昌盛的局面，自中国共产党诞生之日起，我们中华儿女终于有了靠山。中国共产党的发展是历史的选择，是中华儿女的选择，历史告诉我们，我们的选择没有错，中国共产党带领我们不断探索中华民族的复兴之路，在这一百年的历程中涌现了一批英雄人物，他们身上所体现出来的精神值得我们学习，他们值得我们永远铭记在心。

在这一百年中，不同历史时期涌现出来的英雄有着不同的时代任务，不同的责任，但是他们却有着共同的目标，为了让中国变得更好。在抗日战争时期，我们的英雄有杨靖宇将军，他早年参加革命活动，在弹尽粮绝的情况下，一个人与日寇周旋到底，壮烈牺牲；亦有赵一曼同志，在掩护部队时被捕，面对敌人的严刑拷打，坚贞不屈，英勇就义。当我们翻阅她写给孩子的信时，字里行间表达出一个母亲对孩子深沉的爱，但她仍然选择为了祖国、为了民族而献身……他们身上那种不畏强暴，坚韧不拔的精神永远值得我们学习。

“铁人”王进喜，为我国石油工业的发展和社会主义的建设不断奋斗。“宁肯少活二十年，拼命也要拿下大油田！”，这是他不止一次说过的话，他时时刻刻都在实践着自己的誓言，最终也实现了。就算他最后卧在病榻上，也从未忘记自己身上肩负的使命。在他身上体现出来的艰苦奋斗精神是我们中国儿女必须要铭记并且要传承的。走到当代，英雄亦未中断，有保家卫国的战士、有在抗疫过程中的白衣天使们等，即使在很小的岗位上，亦有平凡的英雄存在。

习近平总书记也在多个场合表达对英雄的崇敬之情，号召社会铭记英雄、捍卫英雄、学习英雄、关爱英雄。对于英雄的“定义”也许有很多，“江山代有才人出，各领风骚数百年。”我们生逢其时，每个人都有可能成为英雄，哪怕是在很小的一方面。在这个时代里，我们崇敬先辈，向英雄致敬，学习其中的精神，并加以继承与发扬。我们应该紧握时代的接力棒，明确目标、正视挑战、不忘初心、牢记使命，尽己所能为了中华民族的伟大复兴而奋斗，争做这一代的“时代英雄”。

（作者系历史文化学院 2019 级历史学专业学生）

# 光来了，天就会亮

朱慧然

2020年是特殊的一年，面对突如其来的新冠肺炎疫情，有一群人把生死抛至脑后，向着最危险的地方进发，与死神搏斗。挽狂澜于既倒，扶大厦之将倾。

哪有什么白衣天使，不过是一群稚气未脱的孩子们换上了白衣战服，学着前辈的样子，治病救人、奔赴抗疫前线和死神抢人罢了……庚子年初，本应阖家团圆，爆竹声声，可一切都被一场突如其来的新冠肺炎疫情改变了。说到这里，我不禁想起妈妈跟我说过的一句话：“世上本无岁月静好，不过有人替你负重前行。”出生于非典，高考于新冠的我们，是天降大任者，注定不平凡。国家有疫情，于己而言，只是不能出去玩耍，自觉居家隔离，出门戴好口罩，出行要有健康绿码。在学校里要封校，疫情似乎离我们很远，又似乎近在咫尺。高三的时候是疫情最严重的时候，但我们大多学生寄宿于学校，对外界的信息多是听老师说：“哪哪哪……确诊人数又上升了……，大家一定要多加小心，勤洗手，注意卫生，班级和宿舍的消毒工作一定要认真去完成。”那时候只希望疫情的阴霾早日散去。钉钉网课是我们的课堂形式，前所未有、闻所未闻。四月到六月的封校备考使我的成绩达到了三年来的制高点，这样，我也是和逆行者一起奋斗努力过的人啦。

难寻少年时，总有少年来。祖国正是有一代一代的英雄少年，才能度过重重危机，永葆繁荣昌盛。“我不想哭，我的眼泪在眼睛里打圈，我哭的话护目镜就花了，就干不了事情了。”当记者邀请二十二岁的护士朱海秀对着镜头向父母报平安时，她这样婉拒。记者问她："害怕吗?"她说："过来的时候害怕，但是来到这里，看到这种局面，反而不害怕了。"花花绿绿的口罩是全国人民共同抗疫的决心。现在，春天如约而至，我永远也不会忘记那年冬天，全国上下众志成城共克时艰的岁月。但因疫情殉职的抗疫英雄，却将他们的生命永远定格在了2020年。他们是奋战在疫情一线的白衣天使，是坚守在抗疫战线上的人民公仆、公安干警、志愿者、快递小哥、工地工人……他们是父母，是儿女，是丈夫，是妻子……他们在奔赴"战疫"中离去了。他们的家庭因此而不完整了，可他们拼尽全力保全了我们一个又一个完整的家。和平年代，英雄既包括那些共和国的功臣、民族的精英、人民的楷模、新时代的领跑者，也包括那些在普通岗位上兢兢业业、勤勤恳恳、踏踏实实、默默无闻的平凡劳动者。他们就是中国力量，我们要学习榜样，致敬平凡英雄。

中国共产党的党史是一部人才辈出、可歌可泣的英雄史。战争年代，英雄保卫祖国、抵御侵略；和平年代，英雄牢记初心使命、主动担当作为。以前我对英雄的理解只停留在表面，我会在思政题里大力称赞他们，我会在写作文时描述他们的丰功伟绩。而现在，我看到那一个个年轻的生命，一个个本应该享受人生幸福的生命在危险中逆行，在逆境中坚守，责任扛在肩，使命放在心，发自内心的敬佩他们，他们是我们祖国永远的精神脊梁。人的记忆会淡，城的记忆会褪，国的记忆却会亘古不变。

这世上可能确实没有超级英雄，不过是有一分热，发一分光，点点荧光汇聚成灿烂星河。光来了，天就会亮。黑暗与绝望的日子终会过去，苦难的尽头将是行云流水般的美丽时光。

（作者系历史文化学院2020级民族学专业学生）

# 风雨百年，英雄永驻

杨露洁

一百年风雨兼程，一百年峥嵘岁月，一百年披荆斩棘。中国共产党迎来了一百年的生日，回望过去，展望未来。祖国大好的山河越变越美。人民生活富足安康。

你可曾知道一百年前的中国被列强虎视眈眈，人民都生活于水深火热之中。谁都不曾想到，1921 年在浙江嘉兴南湖的一艘红船上诞生了我们伟大的领导者——中国共产党。他们带领着无数有着一腔热血的青年冲锋战场，在反复试验中找到了适合中国的道路。至此，中国一步一步站起来了，共产主义的旗帜在风中飘扬，人们的心中有了共产主义的种子，一个个坚挺的灵魂从迷雾中冲出，汇聚成国旗上耀眼的星星。在中国共产党的领导下，人民撑起了民族的脊梁，一步步走向胜利与辉煌。

人民群众是历史的创造者，我们不能忽视英雄的作用，英雄就在我们每个人之中。我们不能忘记那个在长津湖写下“哪怕是冻死，我也要高傲的耸立在我的战地上”的志愿军战士宋阿毛；我们不能忘记那个在烈火中用实际行动践行入党申请书中“为了世界革命，为了战斗的胜利，我愿意献出自己的一切”的邱少云；我们不能忘记那支经历了种种艰难险阻，缺衣缺食的红军队伍；我们不能忘记天安门城楼下飘扬的五星红旗；我们不能忘记香港、澳门回归的那一天……这都是一个个英雄们用血泪换来的辉煌。

立足当下，在中国共产党的领导下，今天的中国，已成为世界第二大经济体，随着神舟飞天、C919首飞、嫦娥绕月、天眼望空、港珠澳大桥落成通车、“一带一路”战略促进国际合作共赢新篇章。新的故事还在继续书写，新的时代英雄也在我们看不到的地方默默无闻，他们或许是气场全开的“外交天团”，以势不可挡的气势保护着中国的合法权益；他们或许是隐姓埋名的科学家，远离正常的生活，潜心只为制造中国重器；他们或许是积极生活的快递小哥，穿梭在每一个街道，做着好人好事；他们或许是无所畏惧的警察叔叔，巡逻在每一个小巷，保卫着万千人的生命；他们一定是每一个勤勤恳恳、热爱生活的人们。

壮哉！我中华儿女与国无疆。美哉！我祖国江山与天不老。一百年辉煌过往，一百年砥砺前行，我们要与时代前进，向英雄看齐，面对现在的平静岁月，我们幸福并感激着。我最可爱的人们啊，请你们放心，自此以后我们将披荆斩棘，将红色光洒满大地，将民族魂、中国梦永驻心头！

（作者系历史文化学院2019级历史学专业学生）

# 悟百年党史，念英雄丰功

朱安如

百年党史波澜壮阔、气象万千，是取之不尽、用之不竭的精神宝库与力量源泉。中国共产党人始终怀揣着对远大理想的追寻与对初心的坚守，一路奋勇向前、披荆斩棘。他们用汗水与毅力谱写了一篇篇英雄史诗，用坚毅的灵魂铸就了我们现在的美好生活。都说读书可滋养灵魂，开阔胸襟，那党的百年征程史便是能丰富我们的精神世界，给予我们勇气与力量的教科书。引导广大青年学生深入学习百年党史，用党的奋斗历程和伟大成就鼓舞青年学生的斗志，是传承党的系列精神，纪念时代英雄楷模的重要见证。青年学生主动追寻英雄足迹，学习百年来党员英雄的丰功伟绩，既是担负民族复兴时代重任的重要基石，也是争做中国特色社会主义事业的合格建设者和历史的创造者，英雄来自人民，又服务人民。

人的生命是有限的。中国共产党自成立起就始终坚持全心全意为人民服务这一根本宗旨，始终坚持用实践发现问题，解决困难，始终坚持不忘初心，牢记党的使命与任务。在党的百年征程史中，无数的党员志士踏着一代又一代英雄先烈的足迹，不断奋勇向前，乘风破浪。

如果说在战场中浴血奋战的战士，是一往无前、勇于胜利、不畏强敌的大无畏英雄；那么，和平年代下为民族复兴、国家富强废寝忘食无私奉献的中国人民，便是无怨无悔、脚踏实地、倾情奉献在平凡岗位却做出了不平凡业绩、显示出了不平凡精神的“平凡英雄”。世上本没有从天而降的英雄，只有挺身而出的凡人，在面对突如其来的新冠肺炎疫情时，主动请缨奔赴疫情前线的医护人员，既是勇于胜利、不畏强敌的大无畏英雄，又是在平凡的岗位上却显示了不平凡精神的“平凡英雄”。他们的坚守造就了一个又一个感人肺腑的先进事迹，为乌云笼罩下的世界，带来了一丝光亮。

祖国是人民群众最坚实的依靠，英雄是一个民族最闪烁的红星。“俱往矣，数风流人物，还看今朝。”一百年砥砺前行，一百年英雄辈出。我们的百年党史，是一部无数共产党人用热血和生命谱写的英雄模范史，一代代英雄模范在党的正确领导下勇往直前，谱写了一篇气壮山河的伟大英雄史诗。这些英雄模范是民族的脊梁、是时代的标杆，是党、国家和人民永垂不朽的宝贵财富。

随着时代的进步与社会的发展，英雄精神也与时俱进，不断被赋予新的时代内涵。全社会应该营造崇尚英雄、捍卫英雄、学习英雄、关爱英雄的浓厚氛围。讲好英雄模范故事，丰富中国特色社会主义文化元素，捍卫英雄模范的光辉形象。

（作者系旅游与航空服务学院2018级旅游管理专业学生）

# 学党史，做新时代青年

尚骁阳

当年有红军长征，“迈步从头越”；后有解放战争，建立新中国，“天翻地覆慨而慷”。时境变迁，从1921年至今已经过去了一百年。这一百年来，中国共产党带领着中国人民，从站起来、富起来到强起来。

艰难困苦，玉汝于成。中国共产党经历了从无到有，从弱到强，从稚嫩到成熟的伟大历程，走出了独具特色并且令人震惊的中国特色社会主义现代化道路。向世界展示了全面、立体的中国，也让我们感受到中国共产党的艰辛历程，体会到中国共产党人的坚定信念。因此，我们要深入学习党史，以学党史悟思想，做新时代的青年。

对于我们新时代青年，我们要坚定理想信念、传承红色革命精神。习近平总书记在党史学习教育动员大会上强调：“在全党开展党史学习教育，是党中央立足党的百年历史新起点、统筹中华民族伟大复兴战略全局和世界百年未有之大变局、为动员全党全国满怀信心投身全面建设社会主义现代化国家而作出的重大决策。全党同志要做到学史明理、学史增信、学史崇德、学史力行，学党史、悟思想、办实事、开新局，以昂扬姿态奋斗开启全面建设社会主义现代化国家新征程，以优异成绩迎接建党一百周年。”因此，我们要深入学习党的历史，在政治上提高觉悟，在理论上时刻保持清醒，传承好、发扬好历史的精神，才不会在复杂的国际社会中迷失自我，才能肩负起时代重任，做好新时代的追梦人。



对于我们新时代青年，要树立正确的历史观，以正确的历史观拨开思想迷雾。重视党史、研究党史，从党史中汲取智慧，才能当好新时代追梦人，推动新时代中国特色社会主义不断发展。

我们要善于从党史中汲取历史经验，深刻认识党的历史，学党史、悟思想、办实事，不断改革创新，为社会主义现代化事业发展贡献力量。

通过学习党史，我深刻认识到青年始终是先锋力量，是国家的希望、民族的未来，肩负着民族复兴的大业，中国梦需要我们一代代青年追梦人接续奋斗。身为新时代青年要更加坚定理想信念，保持昂扬斗志，奋发有为，积极进取，勇于创新，抓住时代机遇，勇立时代潮头！不负时代赋予的使命担当，唱响新时代青年大学生的最强音。

〔作者系旅游与航空服务学院2020级旅游管理（校企合作）专业学生〕

# 以英雄为镜

荣嘉怡

中华民族是一个伟大的民族，也是一个崇尚英雄，英雄辈出的民族。在长期的历史发展中，中华民族形成了学习英雄、敬仰英雄的优良传统，这是中华民族的传统美德。

人民是历史的缔造者，英雄则是历史的推动者。近日，中央军委对守卫祖国西部边陲的五名官兵进行表彰，授予祁发宝“卫国戍边英雄团长”荣誉称号，追授陈红军“卫国戍边英雄”荣誉称号，给陈祥榕、肖思远、王焯冉追记一等功，以国之名回应人民崇尚英雄的心声，充分表达了对英烈的崇高敬意。英雄走了，但英雄的精神不会走，英雄的气概必将永久留芳。

戍边战士为我们而死，他们也因我们而“活”。我们的万世太平，是他们用青春和鲜血换来的。

无论是用“饮马渡秋水，水寒风似刀”来描写塞外生活的枯旷苦寒，还是用“秦时明月汉时关，万里长征人未还”来表达对边塞战事未断、男儿战死沙场的感叹，又或是用“黄沙百战穿金甲，不破楼兰终不还”来感慨将士的报国壮志，自古以来边塞都是诗人笔下的常作。一批又一批的边防战士将青春献给祖国边疆的每一寸土地，将热血融入祖国的山河之中，将身躯站成祖国不朽的界碑，他们就是我们这个时代“最可爱的人”。

边关月偏冷，戍守卫国土。长缨染碧血，青山埋忠骨。当加勒万河谷冲突事件细节公布时，我相信每一个中国人都怀着痛苦和感动读着这些文章，身先士卒、身负重伤的团长祁发宝；突入重围、营救战友，英勇牺牲的营长陈红军、战士陈祥榕；自己突围后仍义无反顾返回营救战友的战士肖思远；奋力营救被冲散的战友，自己却淹没在冰河之中的战士王焯冉，还有很多投入到这场激烈斗争中的边防战士。正是这些边防子弟兵，默默坚守在我们的视线之外，顽强战斗在国家的边境一线，以身许国于捍卫国土的斗争之中，才让我们拥有幸福的生活。

黄群、宋月才、姜开斌同志用生命谱写了初心不改、信念当先、许党报国的壮歌；王继才同志守岛三十二年，用无怨无悔的坚守和付出，在平凡的岗位上书写了不平凡的人生华章；郑德荣忠诚信奉和坚定实践马克思主义，将一生倾注于中共党史研究，将传播科学真理的使命践行到生命最后一刻。他们都展现了新时代共产党人的政治本色，为我们每一个人做出了榜样，树立了标杆。

榜样是一面旗帜，榜样的力量是无穷的，我们每个人都应该向榜样看齐。作为一名当代大学生，我应该在工作、学习上以先进为榜样，以模范为旗帜，学习他们理想信念坚定、对党忠诚的政治品格；学习他们爱岗敬业、为人民服务的精神；学习他们恪尽职守、担当有为的职业操守；学习他们甘于奉献、清廉自守的崇高境界。

我要向英雄致敬，向先进学习，踏实做好每一项工作，承担起应尽的责任义务，为祖国的发展尽自己的绵薄之力。

（作者系商学院2018级财务管理专业学生）

# 学史力行，向英雄模范致敬

李少丹

问：“中国共产党的初心和使命是什么?”

答：“为中国人民谋幸福，为中华民族谋复兴。”

“欲知大道，必先为史”。历史是最好的教科书，蕴含着生生不息的思想力量、文化基因、精神动能。注重学习党史，从历史中获得启迪，是我们党的优良传统。中华民族向来重视历史，善于从历史中总结经验、汲取智慧。党的历史，是中国共产党宝贵的精神财富。在庆祝建党百年的重大时刻，开展党史学习教育，坚定不忘初心、牢记使命的决心和信仰，从历史中获得启迪，建功新时代，奋进新征程。

2021 年是中国共产党成立一百周年，也是“十四五”规划开局之年。此时开展党史学习正当其时，十分必要，意义重大。百年党史是一部不断推进理论创新、进行理论创造的历史，是一部践行党的初心使命的历史。学习百年党史，能让我们从中回望初心，更加热爱党，更加坚定信念。

以人为鉴，可以知得失，以史为鉴，可以知兴替。在党史学习教育动员大会上，习近平总书记指出：“在一百年的非凡奋斗历程中，一代又一代中国共产党人顽强拼搏、不懈奋斗，涌现了一大批视死如归的革命烈士、一大批顽强奋斗的英雄人物、一大批忘我奉献的先进模范，形成了一系列伟大精神，构筑起了中国共产党人的精神谱系，为我们立党兴党强党提供了丰厚滋养。”

以史为鉴增自“信”。历史是最好的教科书，历史也是最好的营养剂。学习党史，是接续奋斗、砥砺新征程的动力保障。习近平总书记在党史学习教育动员大会上强调："回望过往的奋斗路，眺望前方的奋进路，必须把党的历史学习好、总结好，把党的成功经验传承好、发扬好。"站在中国共产党百年华诞的重大时刻和"两个一百年"的历史交汇关键节点上，我们更要学好党史这门必修课，感悟初心使命、激发奋斗动力，以信仰之光照亮前行之路，勇于担当、善于作为，才能接续谱写新的历史篇章。

孔子说过："学而不思则罔，思而不学则殆。"学习与思考是相辅相成的，二者缺一不可。学习是力量之源，思考是学习之魂。我们在党史学习的过程中，要将学习与思考二者进行结合，才能避免把学习沦为形式主义，才能把党史知识化为前进力量。因此，我们要在学习中思考、在思考中学习。通过广泛学习和认真思考，深刻认识革命先烈奋斗的艰苦卓绝，今天的幸福来之不易，真正弄清楚我们是谁、我们从哪里来到哪里去、我们的使命是什么，从而更好地把初心融进灵魂，把责任扛在肩上。

从百年党史中吸取"担当"的力量，担当精神是中国共产党的政治本色。习近平总书记说："我们所处的时代是催人奋进的伟大时代，我们进行的事业是前无古人的伟大事业。"迈进新时代，我们只有坚定地以习近平新时代中国特色社会主义思想武装头脑，指导实践，以时不我待、只争朝夕的担当精神，奋力走好新时代的长征路，才能做出无愧于时代、无愧于人民、无愧于历史的伟大业绩，为经济快速发展、民生持续改善、社会和谐稳定而不懈奋斗！

学习党史就是要坚定理想信念，对党和人民要永远忠诚，要把人民的根本利益放在第一位，要切实树立为民服务的思想理念，牢记使命，为共产党的事业奋斗终生，为实现"十四五"规划及远景目标而发愤图强。

学习党史要答好"我是谁、为了谁、依靠谁"这道历史大考题。秉持"江山就是人民，人民就是江山"的理念，永葆赤子之心，不断强化"为人民服务"根本宗旨，始终把人民利益放在首位；学习党史要与时俱进，身体力行，紧密结合马克思主义基本原理和新时代党的创新理论，在攻坚克难中激发斗争精神，增强斗争本领，提高应对风险、挑战的能力水平，推动各项事业开拓前进。站在中国共产党百年华诞的重大时刻和“两个一百年”的历史交汇关键节点上，我们更要学好党史这门必修课，感悟初心使命、激发奋斗动力，以信仰之光照亮前行之路，才能接续谱写新的历史篇章。

（作者系商学院 2018 级财务管理专业学生）

# 铭记英雄事迹，传承红色基因

宋明晖

沧海横流，方显英雄本色。百年前，面对战火纷飞的中国，郁达夫先生曾说："不知道崇尚英雄的国家，是没有希望的奴隶之邦"；百年后，面对海清河晏的中国，习近平总书记言："一个有希望的国家不能没有英雄……"泱泱华夏，无数名英雄用热血铺就中国未来，可何谓英雄？以凡人之躯，怀揣伟大之心者也。

"满腔热血沸腾，拼死一战决矣。旧社会破坏得彻底，新社会创造得光华。莫道我们一钱不值，从今要普及天下……"这是早期版本《国际歌》里的三句歌词。这首歌最早是由瞿秋白翻译而来，而瞿秋白的一生就像歌里所写的那样，为推翻旧社会而奋斗终身。

1920年，瞿秋白孤身一人前往苏俄，在苏俄两年多的时间里他做了大量的考察和采访，并撰写了《赤都心史》《饿乡纪程》等作品，开创了我国报告文学的先河，向大家客观地介绍了十月革命后的苏俄。也就是在这时候，他接触到了《国际歌》，便疯狂地喜爱这首来自劳动人民的歌。1923年，瞿秋白回国，为了能让这首歌更好地在中国传唱，瞿秋白常神情专注地坐在一架风琴前，先把五线谱改成简谱，又仔细地用复写纸抄整齐，一面弹奏，一面吟唱；译好一句，就唱一句；有时用俄语唱，有时用法语唱，有时用中文译词试唱，反复吟唱、推敲，使歌词适合乐谱。他不断斟酌、修改，复写纸写了一张又一张，歌词改了一遍又一遍，直到顺口易唱为止。1935年，瞿秋白不幸被俘，面对敌人的威逼利诱，他都凛然拒绝，6月18日，他高唱着自己翻译而来的

《国际歌》走向刑场，面对凶残的刽子手，他淡淡地说了一句，“此地甚好”，便盘膝坐在草坪上，慷慨就义。那一年，他才三十六岁。

“烧破世人的梦，烧沸世人的血，也救出他们的灵魂，也捣破他们的监狱!”这首诗的名字叫《红烛》，是我们伟大的爱国主义诗人闻一多的代表作。这也是我给大家介绍的第二位先烈——闻一多先生。

1919 年，五四运动爆发，强烈的爱国感一下子涌向了闻一多的心潮，二十岁的闻一多手抄岳飞的《满江红》，“靖康耻，犹未雪；臣子恨，何时灭”。这句话一下子便流传在清华校园里，同样，闻一多也满怀为国雪耻的信念走向他的革命道路。从清华毕业后，他便积极投身于革命运动。1946 年，在李公仆的追悼会上，面对亲友的阻拦，闻一多拍案而起，慷慨激昂地发表了《最后一次演讲》，大声向反动派们宣战。记住“正义是杀不完的，因为真理永远存在”这句话，点燃了当时无数群众的爱国热情，使他们积极地投身到革命事业当中。但是，也就是那一天，在他归家的途中，一辆车挡住了他的去路，耀眼的光线刺痛了他的双眸。砰！一枚子弹突然飞出，穿透了他的胸口，结束了他如红烛般照亮黑暗的一生。

可能在大家的心目中，英雄属于像赵一曼、黄继光这样英勇的战士，但英雄也属于这些为时代发先声的文人。作为学习汉语言文学的学生，我可能没有机会去投身于国家的科研建设，但是，爱国不分大小，奉献不言先后，既然我没有办法像邓稼先、于敏那样，把自己的一生投入到先进技术建设之中。我立志成为一位优秀的老师，将这样的革命先烈、红色故事教给我的孩子们，让这些先烈在人们的心中不死，让红色基因在人们心中代代相传！

（作者系文学与传媒学院 2020 级汉语言文学专业学生）

# 致敬消防英雄

王　颖

如果问，在和平年代最危险的职业是什么？我会说消防员。不论春夏秋冬，日月交替，他们时刻都在为人民准备着，他们时刻整装待命。我们的静好岁月，我们的安稳生活，是因为这些英雄付出了他们的青春。

当洪水肆虐吞噬着城市时，原本的路面变成一片片汪洋大海，人们失望无助时总有一个身影；当火焰无休止地燃烧着，人们紧张与恐惧时总有一个身影……当人民陷入危机，利益受到损害时，总有那么一个身影——他们身材魁梧，一身红色隔热服，手里托着安全帽，留给我们的是坚决果敢的身影，这就是我们的消防员官兵。

消防员，这是救人救灾的伟大的职业，这是需要经过特殊的体能、技能以及心理素质训练的高危的职业。2017年世界卫生组织国际癌症研究机构公布的致癌物清单初步整理参考，将消防员（职业暴露）在2B类致癌物清单中，可见这一职业的危险性。可是，你们看杨科璋为救两岁女童，在坠楼一瞬间把女童抱到怀里，不幸牺牲，留下“绝不能放弃”的遗言。我们还记得2003年湖南特大火灾坍塌事件中，一百六十名官兵面对血与火的考验，他们不退缩、不抛弃、不放弃，奋力抢救人民、保护财产，不幸二十人殉职，留下悲壮惨烈的一幕。我们也不会忘记上海徐汇区住宅楼突发火灾，两名消防员因营救居民坠楼身亡，战友们亲眼目睹这一刻，眼里含泪心中无比悲痛地完成了这次任务。他们在火海中进出，不怕烈火焚身，他们是降服烈火的勇士。

消防员并不只是营救火灾，在其他救援工作中也发挥着重要的作用。有一次，一辆汽油罐车在国道运输中发生翻车导致汽油泄漏，消防官兵自告奋勇参加这次救援行动。在汶川地震时，南宁消防队的一个班接到任务去搜救被困人员，在一个废墟里发现一位七十九岁的老人被困，在商量后班长决定挖开隧道救援，就在班长进入隧道营救时，发生余震，周围不断有碎石掉落，外面战友朝他喊："班长，要塌了"，老人也劝他走，他说："我有什么事，你们帮我照顾我母亲就行了，我是不会放弃的。"这句话感动了周围的官兵与群众，最终，救出被困的老人。凭着一份坚持，一份责任，一份努力，他们不曾退缩，不曾畏惧。每次在洪灾、火灾、地震的现场，总能看到消防官兵们的身影。他们走在人民的前面，无视自己的安全，是他们的坚毅，筑起一道道坚固的城墙，守候着身后的家园。

如果说人生是缤纷绚丽的彩霞，那么青春必然是最亮丽的一抹，如果说人生是场旅程，那么青春就是这段旅程最灿烂精彩的一段。他们把青春注入军营，用汗与血书写自己的人生，在救灾中展现自己铁血男儿的价值所在，谱写一曲壮丽的赞歌。

我们想歌颂你们，但用多少华丽的词语都显得那么苍白无力，想感谢你们，你们不图回报。在人民无助时，一声声鸣笛带给我们的是信心，你们似大雨平息了一场大火，似春风吹拂大地带来生机，又似太阳照耀温暖人心。你们也是普通人，但却有一颗真诚的心，你们平凡但伟大，你们为人民除去痛苦，带来欢乐。

你们心中装着国家和人民，以保卫国家和人民财产安全为职责，不为名不为利，你们用自己的青春为代价，塑造了太多的不凡与伟大，在国家和人民需要你们时，你们迈出坚毅决然的步伐，留下的是那道身影。"你在时如炽烈的阳光，你离开时是灿烂的晚霞"我称赞你呀！我亲爱的消防员，你留下的是鼓励的身影，给人力量的身影，给人信念的身影。

（作者系文学与传媒学院 2019 级汉语言文学专业学生）

## 学习先锋，勇敢向前

田　舒

“遥看火号连营赤，知是先锋已上城。”战场先锋，雄姿英发，人中龙凤，繁华人生，这可能是古时士兵的美满佳梦。靠自己拼搏的天地，没有人不羡慕。英雄，就是敢于冲锋，勇敢向前。

如果有士兵能被称为先锋，那是实实在在的荣誉褒奖。从思想上，以为人民服务为本，以党的领导为先，积极向上，充满信仰；从实践上，能打胜仗，作风优良，精兵强劲，冲锋向前。成为先锋士兵，是每个兵的梦想，它讲求的是高度的精神境界和强劲的作战能力，战时冲锋向前，不畏牺牲，来之能战，战之能胜，有着领头羊的作用，是标杆；和平年代，品格优良，甘于奉献，遵时守纪，爱岗敬业，对自己高标准严要求，成为典范。

如果有一支部队能被称为先锋，那是不能消磨的精神代表。杨根思连队以中国人民志愿军第一位特级战士英雄杨根思命名，也是我军第一支以英雄名字命名的连队。在赴朝作战前的动员会上，身为一连之长的杨根思喊出了振聋发聩的“三个不相信”：不相信有完不成的任务，不相信有克服不了的困难，不相信有战胜不了的敌人。七十多年来，“三个不相信”精神感染着一代又一代的人。

作为当代大学生，我应当努力锤炼个人品德，加强道德修养，要自觉向道德模范学习，要坚持理论与现实相统一，坚持继承光荣传统与弘扬时代精神相统一，坚持加强个人修养与接受教育引导相统一，同时自觉开展学习活动，将道德模范人物作为心中的偶像，成长道路上的良师，追求全面发展的榜样。

在新时代，成为有大功的英雄很难，但是在自己的岗位出彩还是一个可以达到的目标。术业有专攻，用心对待自己分内的事，是对自己的要求，勤勉奉献，以人为本，以党为先，学习先锋，勇敢向前，用自己微薄的力量，为国做出贡献。

（作者系文学与传媒学院 2018 级汉语言专业学生）

# 致敬英雄模范，学习光辉党史

边静怡

中国共产党的初心与使命是什么？是为中国人民谋幸福，为中华民族谋复兴！

2021 年是中国共产党成立一百周年，也是“十四五”的开局之年。1921 年，中国共产党在风雨飘摇中成立，一百年后的今天，她在世界舞台中央发出耀眼的光芒。百年之路，艰辛且辉煌。从诞生、成长到壮大，涌现出了一大批可歌可泣的英雄模范和先进人物，他们是英雄，是先辈，是我们学习的榜样。我作为一名入党积极分子，更应该积极响应号召，牢记党的殷切嘱托、忠诚且敢于担当使命。在学习党史的过程中不断汲取奋斗的力量，以更加坚定的步伐跟随党的事业。

这段时间，我怀着崇敬的心情学习了许多光辉党史，回顾我们党一百年来的风雨历程，我深刻地体会到中国共产党的成功并不是一朝一夕实现的，而是经历了无数的艰难险阻、走过了一条很长的艰辛坎坷的道路才得以实现，在中国共产党成立之初，中华大地千疮百孔，满目疮痍，内有军阀混战，外有列强侵略。可是，为了民族独立和人民解放，为了让人民当家做主，那些建立中国共产党的革命先辈，他们上下求索、不惧生死，在 1921 年创立了伟大的中国共产党。一步一步走来，才实现了如今的国富民强。

通过学习党史，我了解到了以前许多不曾知晓的事件，这些事件在我心中留下了深刻的印象。回顾中国共产党百年来的光辉历程，在革命、建设、改革的各个历史时期，中国共产党始终代表着中国先进生产力的发展要求，代表中国先进文化的前进方向，代表中国最广大人民群众的根本利益，并通过制定正确的路线、方针和政策，为实现中华民族伟大复兴而不懈努力奋斗。

学习党史，是对建党百年光辉历程的致敬，也是对党的事业发展前进的激励。在学习党史的过程中，我深刻体会到中国共产党历次大会的召开对革命和建设的推动作用，也深刻感受到了中国共产党人对初心的坚守和使命的担当。学习党史使我明白了理论联系实际是党留给我们的优良传统和宝贵经验。如今，我们学习党的历史就是为了吸取成功的经验，总结失败的教训。

学习党史就是要坚定理想信念，对党和人民要永远忠诚，要把人民的根本利益放在第一位，要切实树立为人民服务的思想理念，牢记使命，为中国共产党的事业奋斗终身，为实现“十四五”规划及远景目标而发愤图强。努力答好“我是谁、为了谁、依靠谁”这道历史考题。秉持“江山就是人民，人民就是江山”的理念，永葆赤子之心，不断强化“为人民服务”根本宗旨，始终将人民利益放在最高位置；学习党史要与时俱进，紧跟时代步伐，紧密结合马克思主义基本原理和新时代党的创新理论，用智慧，用勤劳的双手，努力拼搏，开拓创新，为我们更加美好的明天奋斗！

（作者系文学与传媒学院 2019 级网络与新媒体专业学生）

# 虽千万人，吾往矣

王子昕

中国自古以来就是一个内敛包容的国家，一直以“达则兼济天下，穷则独善其身”的原则自立于世界。我国明明是最早发明火药的国家，却被列强的洋枪大炮打得毫无还手之力。如何改变这样的局面？中国该往哪里走？哪种主义能够救中国？谁也不知道，我们都只能一点一点地去寻找救国救民的道路和方向。那么怎么找？谁来找？有这样一群人，他们面对中外各方势力的阻碍与压迫毫不畏惧，他们就是近代中国最早的觉醒者。

在那个各种思想混乱交织的年代，在那个战火纷飞的年代，我国有这样一群人，他们担负了开启民智的重任，以一已之力唤醒了四万万同胞的爱国之心。

陈独秀、李大钊、蔡元培、鲁迅等，每一个名字都如雷贯耳，青史留名。他们的名字值得我们每一个中国人铭记，鲁迅曾说，“死者倘不活在活人心中，那就真的死掉了”。他们是那个时代的英雄，也是中国永远的英雄，我们怎么敢忘记，怎么能忘记。今天我们谈英雄，如何能让我不想起他们。

陈独秀，中国共产党主要创始人和早期领导人。1896 年（清光绪二十二年）中秀才，后入杭州求是书院学习。1901 年留学日本。1904 年创办《安徽俗话报》，宣传反帝爱国思想，进行革命活动。1907 年第三次赴日本求学，入早稻田大学。1911 年（宣统三年）辛亥革命后回国任安徽省都督府秘书长，后参加“二次革命”。1915 年 9 月在上海创办《青年杂志》（自第二卷起改名《新青年》），揭开新文化运动的序幕。1918 年与李大钊等创办《每周评论》。以《新青年》《每周评论》和北京大学为主要阵地，积极提倡民主与科学，提倡文学革命，反对封建的旧思想、旧文化、旧礼教，成为新文化运动的倡导者。1919 年领导五四运动。1920 年初与李大钊开始酝酿组建中国共产党，2 月到上海，深入工人群众，开展建党活动。5 月发起组织马克思主义研究会，8 月创建上海共产党早期组织，取名“中国共产党”，任书记，并推动各地建立党组织，成为党的主要创建人之一。

李大钊，中国无产阶级革命家，中国最早的马克思主义者，中国共产党的主要创始人和早期领导人。1913 年毕业于天津北洋法政专门学校。1914 年入日本早稻田大学政治本科学习，组织神州学会，参加留日学生反袁（世凯）斗争。后发起甲丙学社，接触各种社会思潮，开始研究马克思主义。1916 年 5 月回国，参加新文化运动。1920 年春与陈独秀开始酝酿组建中国共产党，3 月组织北京大学马克思学说研究会，会见共产国际代表维经斯基，商讨筹建中国共产党。是年 10 月领导建立北京的中国共产党早起组织，11 月领导建立北京社会主义青年团，并派人到天津、唐山、济南等地建立党团组织。1927 年 4 月 6 日被奉系军阀逮捕，28 日在北京就义。

蔡元培，中国民主革命家、教育家。曾任绍兴中西学堂监督。1902 年（光绪二十八年）与蒋观云等发起组织中国教育会，创办爱国学社和爱国女学，宣传民主革命思想。1904 年与陶成章等组织光复会，被举为会长。次年参加同盟会，为上海分会会长。1915 年在法国与李石曾、吴玉章等倡办勤工俭学会。1917 年任北京大学校长，提倡“思想自由”“兼容并包”的办学方针，多方罗致学有所长者，实行教授治校，使北大成为新文化运动的发祥地。同时宣传劳工神圣，倡导“以美育代宗教”，倡行“教育独立”。九一八事变后，主张抗日，与宋庆龄、鲁迅等组织中国民权保障同盟。

鲁迅，中国文学家、思想家和革命家。出身于破落家庭。青年时代受进化论思想影响。1902 年去日本学医，后从事文艺工作，企图用以改变国民精神。1909 年回国，先后在杭州、绍兴任教。辛亥革命后，曾任南京临时政府和北洋政府教育部部员、佥事等职，兼在北京大学、北京女子师范大学等校授课。1918 年 5 月，首次用笔名“鲁迅”发表中国现代文学史上第一篇白话小说《狂人日记》，揭露人性的阴暗与旧礼教“吃人”的本质，奠定了新文学运动的基石。五四运动前后，发表多篇小说与杂感，猛烈抨击封建文化与封建道德，批判愚昧落后的国民性，坚持启蒙立场，成为新文化运动的伟大旗手。鲁迅先生卓越的政治远见和韧性的战斗精神，对中国革命文化事业做出了巨大贡献。

当然，中国人民思想解放的过程，是众多伟人以及最广大人民群众共同努力的结果，而伟大人物的引领作用不容忽视。他们面对的危险与困难是我们难以想象的。陈独秀，“虽千万人，吾往矣”。李大钊，“若一去不回，便一去不回”。这是多么坚定的信念，多么沉痛的誓言。不可否认这些人并不是完美的，他们也可能犯错，但是我们不能站在现在的高度去评价历史，评价英雄。无论如何，他们的初心都是为了中国能够做到真正的自立自强，使人民能够不再受到压迫过上幸福安乐的生活。任何的分歧和争论，都是他们为中国寻找出路的探索。我们要学习这种坚定的理想信念追求真理的决心和炙热的爱国之心。

我想对他们说：“这盛世如先生所愿。”而我们愿以吾辈之青春，捍卫盛世中华。

（作者系文学与传媒学院 2019 级汉语言文学专业学生）

# 蕙质兰心，巾帼战士

张梓琪

基辛格在《论中国》中说道：“中国人总是被他们之中最勇敢的人保护得很好。”在刚刚过去的2020年，中国涌现出无数“最勇敢的人”，这些勇敢的人都是我们的英雄。致敬英雄，我想，我们欠他们一句感谢。

在这一批的英雄群像里，让我印象最深的是一位巾帼战士，古稀之年的她在危难时刻毅然决然登上“战车”、披上“战甲”、奔赴“战场”。她的身上带着“黄沙百战穿金甲，不破楼兰终不还”的强大信念，她雷厉风行、杀伐决断，打响新冠肺炎疫情的阻“疫”战，她便是李兰娟。

她逆行驰援武汉，说：“这一次，我来当一个医生，‘战疫’不成功，我就不撤兵。”是她，冒着被感染的风险，武汉、北京、杭州三地跑，出诊、开会、出差，释疑、解惑、定信心；是她，率领团队前往救助一线，在实验室中分离病毒毒株研制疫苗……

医者仁心，心怀天下。她是我国人工肝事业的开拓者，她是感染微生态学说的奠基者，她是新发传染病防治“中国模式”的创造者。她放弃价值百万的医学专利，每年按期办班，毫无保留地把技术教给大家。她说，“希望每个患者都能得到及时的治疗，尤其是这种肝昏迷、肝衰竭病人，一定要就地治疗，因为他们根本没办法长途奔波”。

她始终念念不忘心济苍生、科学报国的志愿。李兰娟把希望写在祖国大地上，写在一桩桩生的欢喜上，她站在自己所热爱的领域里，闪着伟大的光辉。

这已经不是李兰娟第一次被大众熟知。2003 年抗击非典时，她冲锋在前。如今面对新冠肺炎疫情，她再次出击，为国家尽责。李兰娟的儿子说：“国家需要她待多久，她就可能会待多久。”医者这条路没有尽头，要寻求健康和和平，唯有不断地征战。

大医仁心，执着果敢；民族脊梁，国士李兰娟。已经七十三岁的李兰娟，想必早就已经忘了自己已年过古稀，她披上战甲就是战士，战士就没有撤退可言。

鲁迅先生说：“愿我等中国青年都向上走，不必听自暴自弃者流的话。能做事的做事，能发声的发声。有一分热，发一分热，就如萤火一般，在黑暗里发一点光，不必等候炬火。”蕙质兰心，巾帼战士李兰娟就像是一团火，温暖了人心，照亮了黑暗。她就是炬火，她用自己的身体力行吸引了无数白衣战士与她站在一起、凝聚了无数年轻的力量与她并肩作战，也许这就是榜样的力量，也许这就是大爱的精神。

在那样一个寒冷的冬季，是他们让我们在这场没有硝烟的战争中，心里住着一个不可战胜的春天。

智勇双全明大义，英姿巾帼李兰娟。

（作者系文学与传媒学院 2019 级汉语言文学专业学生）

# 烈火中的英雄，我们心中的英雄

李奕凡

中国共产党的发展是通过英雄们的无私奉献换来的。在战争年代，英雄保卫祖国，抵御侵略；在和平年代，英雄牢记初心，主动作为。在新中国的发展中，有很多英雄不断出现，其中有的英雄还健在，而有的英雄却再也回不来了，但是，他们永远活在我们心中。其中，邱少云是令我印象最深刻的。

抗美援朝战争中，邱少云所在的部队准备占领391高地时，距离敌人只有六十米，一举一动都很有可能被敌人发现。突然，敌人向高地空投燃烧弹，一颗燃烧弹在邱少云的身后爆炸，燃烧液溅到他身上的蒿草上，眨眼工夫，他脚上的蒿草烧着了，火苗腾腾地冒起来。这个时候，邱少云是有两个选择的，他只要就地打几个滚，就可以把火扑灭，自己就不用忍受烈火的焚烧，也可以回去见心心念念的家人，可邱少云为了不暴露部队的踪迹，舍生取义，忍受着烈火灼烧，半个多钟头，他没发出一点声音，没做出一丝对集体有危害的事情！

这种舍小为大的精神让我感触颇深。我脑海中想到了一句话："古之立大志者，不惟有超世之才，亦必有坚韧不拔之志。"这就是英雄，为了整个团队的安危，决定牺牲自己，忍受烈火的灼烧，这是需要多大的勇气与定力，才能做到这样的牺牲……

在抗美援朝战争中，中美实力悬殊，我们的武器是小米加步枪，而美国的武器是坦克加炮弹，在这样条件差距十分巨大的情况下，我们还是赢了。正是有了那些英雄，我们才可以取得胜利！

我们出生在21世纪，正是中国经济腾飞，实力增强，世界地位不断提高的年代。中国屹立于世界强国之林，立足于世界强国之列，中国有了现在的地位与威望，离不开民族的精英，人民的楷模，新时代的领跑者和那些在普通岗位上勤勤恳恳、踏踏实实、默默无闻的平凡劳动者。

2020年庚子鼠年，面对突如其来的新冠肺炎疫情，有太多太多的白衣天使、人民英雄，牺牲自己的假期，背负上自己的生命与家人的担忧，去和疫情赛跑，去与死神赛跑。他们也是家人的掌中宝，他们也是孩子的父母，他们也是父母的孩子……他们也知道前路漫漫，困难重重，但是他们还是义无反顾地加入到这场“战役”中。一方有难，八方支援，这就是我们中国人民的原则！

党的十八大以来，习近平总书记曾在多个场合表达对英雄的崇敬之情，号召全社会铭记英雄、崇尚英雄、捍卫英雄、学习英雄、关爱英雄。宋代刘过曾说过“人定胜天”。这句话使我想起小时候看过的《亮剑》，有一个情节是这样的：遭到围困的骑兵连，面对日本强大的骑兵纵队，没有逃跑，没有投降，没有放弃，而是义无反顾地面对，虽然最后的结局是死亡，但是却赢得了对手的尊重。真正的英雄就是在强大势力面前保持自己与团体的尊严，永不妥协、顽强抵抗，哪怕明知是死，也要冲上去，义无反顾地去斗争！

在烈火中的英雄，是我们心目中的英雄；放弃阖家团圆的机会，去医治病人，拯救苍生，也是我们心目中的英雄。在和平年代的今天，虽然没有办法成为烈火中的英雄，但是我们可以为祖国的发展发一份光，献一份力。有这样一群人，他们危难中逆行、逆境中坚守，责任扛在肩、使命放在心，他们就是中国力量，是我们的学习榜样。他们是平凡英雄！

（作者系生物与食品科学学院2020级生物科学专业学生）

# 英雄造时势，不坠青云之志

袁慧敏

生为百夫雄，死为壮士规。

偶然经过烈士陵园，抬头注视着烈士陵园的大门，上面有这样一个问题：英雄是什么？

在我看来，他们在时代的大潮中锁定航向，他们在人生的起伏中坚守坐标，他们在得与失的抉择中忠于本心，他们在生与死的考验中绝不退缩。他们是时代的领跑人，是国家不懈的坚守者。

英雄，振兴一个民族。回望历史的长河，数以千计的英雄人物在熠熠生辉，闪亮夺目。每一个时期都是一部可歌可泣的英雄史。战争年代，英雄为这个古老的民族带来了希望：林则徐虎门硝烟，捍卫了民族的尊严；左宗棠收复新疆，捍卫了民族的主权；五四青年在危难时期，燃烧青春，为国呐喊，展现了民族的力量。国家将倾，民族将亡，唯有英雄的力量，才能振兴民族，救文明于水火，使文明能继续前行。

英雄，创造一个时代。南湖初著星星火，寰宇长鸣滚滚来。一百年前，在那充满狂风暴雨的旧中国诞生了中国共产党，她像烈火点燃华夏大地沉寂已久的火炬，如朝阳唤醒炎黄子孙不屈不挠的斗志。1921 年，这是一个被历史铭记的时刻，人民有了新的信仰——共产主义。这是可以燎原的星星之火，这是泥泞与长夜中执着闪烁的北斗七星，这是带领中华民族走向复兴的伟大力量。鼓声擂动，党姿威武。

英雄，拯救一个时代。从非典到 2008 年的汶川大地震再到现如今的新冠肺炎疫情，对伟大的中华民族而言都是挑战，这时就有无数个平凡英雄挺身而出。汶川大地震距今已有十二年了，那个身影我们依旧记得：母亲。透过那一堆废墟的间隙可以看到她死亡的姿势，双膝跪着，整个上身向前匍匐着，双手扶着地支撑着身体，有些像古人行跪拜礼，只是身体被压的变形了，看上去有些诡异。救援人员喊道："有人，有个孩子，还活着。"她给孩子留下的短信是"亲爱的宝贝，如果你还活着，记着爱我。"她也是我们心中的英雄。一身白衣，剪掉青丝，奔赴战场，誓死如归。在非典和新冠肺炎疫情的侵虐下，白衣天使们挺身而出，与病魔搏斗，与时间赛跑，与死神抢人。……是他们，拯救了一个时代。

习近平总书记曾言："一个有希望的民族不能没有英雄，一个有前途的国家不能没有先锋……"

郁达夫说："一个没有英雄的民族，是可怜的奴隶之邦。"而人类文明，自然也更需要英雄。他们的力量，不仅是一个民族、一个国家的推动力，更是人类文明延续的强大动力。他们，是人类进步的推动者。

信念的桅杆已经竖起，英雄的榜样力量已经铭记，希望的风帆远远飘扬，我们要铭记英雄，承接时代责任，向着社会主义现代化前进。

〔作者系旅游与航空服务学院2020级旅游管理（校企合作）专业学生〕

# 光

李亚坤

光是我们生活中普通到不能再普通的东西，但也是我们生活中必不可少的东西。在我看来，生活中普通而又平凡的英雄就是光。有他们才组成了我们岁月静好的生活。因为不论在战争年代还是和平岁月，中华民族从来都不缺英雄。八方统筹百般服务，以凡人之力书写传奇。这就是我们党的真实写照。

教育是民族振兴，社会进步的基石。教育是国家的立国之本，强国之基。

无论什么时候，教育的作用不会改变。我党红星投身于此，照耀民族青年，唤起民族希望。在国势危机时，梁启超用“少年智则国智，少年强则国强”唤起青年人的斗志，也唤醒了沉睡的中国。在和平岁月里，用“三寸粉笔系深山，烛光千里耀云岭”来形容华坪女子高中校长张桂梅最为合适，她从青春靓丽、笑颜如花到满身伤痛、沧桑憔悴，她将自己最好的年华都献给了山区的教育事业，帮助上千名山区女子走出大山，圆梦大学，改变命运。我们党的红星，以荧荧之光在守望中实现自我价值，将光照进时代。

理想的光照进生活，前有铁人王进喜，在大庆钻油井时，他为解决供水不足的问题带领工人破冰取水，“盆端桶提”运水保钻，突发井喷时，保住钻机和油田。后有“当代愚公”黄大发，在任曹王坝村党支部书记期间，带领村民在山岭绝壁中建成一条跨三座大山、九条悬崖的主渠长七千两百米、支渠长两千两百米的水渠。在修渠期间，黄大发的女儿和孙子相继离世，这时的他年过六十，可想而知，这位老人承受了怎样的悲痛，但他仍坚守在修渠一线。也正是因为他坚持不懈的努力，村民们走上了致富之路。我们党的红星，以熠熠之光，在实践中奋斗发光照耀他人前行。

在这百年之际，让我们把光照进时代，照进每个人的心里。其实只要我们想，每个人都能成为光；只要我们坚守好自己平凡的岗位，每一位都是英雄。汇聚我们的点点微光焕发中华色彩，为祖国在新征程新时期的发展增光添彩。

（作者系体育学院2020级体育教育专业学生）

# 继续初心，不负使命

王 博

当今社会，随着信息时代的到来，物质生活大大丰富，精神生活稳步提高。然而，关于“不忘初心”的讨论仍然很热。作为一名大学生，要勇于承担责任，勇于面对挑战，与祖国共同进退，为人民服务，为祖国贡献力量。实践证明，只有把青年的成长和个人奋斗真正与国家和民族的需要统一起来，把个人梦想与民族复兴的中国梦紧密联系起来，才能谱写出青春不朽的永恒篇章。

坚持初心，并有勇气归零。归零不是放弃，而是坚持热爱，是回归内心，是重新开始的勇气。脱下军装后，张富清将荣誉封存，退休后的他甘守清贫，主动到边远贫困的山区农村，淡泊名利，忠于信仰。张富清老人的归零是一个共产党员最初的胸怀和使命的坚守，这是吾将不忘初衷的铿锵誓言。照亮山村女孩梦想的女子中学校长张桂梅全心投入工作。尽管她身患骨瘤、肿瘤、小脑萎缩、肺纤维化等二十多种严重疾病，但仍常年忙于教学事务，家访不断。办校十多年来，她走访了一千五百二十七户家庭，行程近十一万公里，为学校留住了学生，也为学生留住了用知识改变命运的机会。她用自己的血肉之躯为学生“架起了道路”，完全不顾生死，几次因公晕倒，险些死亡。她用实际行动兑现了“只要有呼吸，就会站在讲台上”的承诺。她一生都很无私。十多年来，她回家探亲，从不向学校报销任何费用。然而，她却把自己的工资、奖金和社会捐赠的一百多万元全部用于教育、抚养孤儿和帮助贫困家庭。她没有给自己留下任何财产。

我们不能忘记自己的初心，应该有毅力地坚持下去。实现梦想的道路并不总是一帆风顺的。战争年代，西南联大师生在枪林弹雨中朗诵中国古代经典，练习实验技术，他们以学习报国为初衷，不畏艰险坚持学习，谱写了抗日救国的壮丽篇章。和平年代，我们要学习张玉滚十七年来在农村执教的奉献精神，学习其美多吉多年来在雪线驿道上为党工作的奉献精神……有了坚持到底的意志，我们就能保护自己的初衷，就能在遇到困境时，在黑暗中前进。

多年来，我们党和人民锐意进取，为实现中华民族伟大复兴而奋斗。作为大学生的我们更应该学好每一堂课，用知识武装自己，用行动武装自己，为学校和祖国的建设贡献力量，也要弘扬优良作风和传统美德，不断推动社会主义事业的光明发展。我们当代大学生一定会“以梦为马，不负韶华”，用一颗善良的心去完成肩负的使命，用历史的见证创造美好的明天，用我们的一生去实现伟大的中国梦！

（作者系体育学院2020级体育教育专业学生）

# 向我们最可爱的英雄致敬

聂艳娜

以史为镜，可以知兴衰。无论处于什么职位，要学有所思、学有所悟、学有所得。党的历史，是一部不断推进理论创新、进行理论创造的历史。

党史学习教育动员大会在北京召开时，习近平总书记出席会议并发表重要讲话。总书记强调，“在全党开展党史学习教育，是党中央立足党的百年历史新起点、统筹中华民族伟大复兴战略全局和世界百年未有之大变局，为动员全党全国满怀信心投身建设社会主义现代化国家而作出重大决策。全党同志要做到学史明理、学史增信、学史崇德、学史力行，学党史、悟思想、办实事、开新局，以昂扬姿态奋力开启全面建设社会主义现代化国家新征程，以优异成绩迎接建党一百周年。”

习近平总书记强调，“我们党一步步走过来，很重要的一条就是不断总结经验、提高本领，不断提高应对风险、迎接挑战、化险为夷的能力水平。要更好应对前进道路上各种可以预见和难以预见的风险挑战，必须从历史中获得启迪，从历史经验中提炼出克敌制胜的法宝……”

“欲知大道，必先为史”。历史是一个民族安身立命的基础，中华民族向来重视历史，并善于从历史中总结经验、汲取智慧。党的历史是中国共产党宝贵的精神财富。

学思践悟，知行合一。各级党员干部要全身心投入党史学习教育中，做到学有所思、学有所悟、学有所得。学习党史要深入了解中华民族从站起来、富起来到强起来的历史逻辑、理论逻辑和实践逻辑；学习党史要从党史中寻找理论滋养、精神支柱，坚定对马克思主义的信仰，对中国特色社会主义和共产主义的信念，对党和人民的忠诚；学习党史要明大德守公德严私德，以孔繁森、焦裕禄这样的时代楷模为榜样，始终把人民利益放在最高位置。

于海俊、李夏和张小娟同志始终牢记全心全意为人民服务的宗旨，坚守在艰苦偏远地区，奋战在党和人民最需要的地方，执着奉献直至献出自己宝贵的生命。我要向他们致敬。作为一名基层选调生，我深深感到，人民群众是最可爱的人。他们会因为我们帮助解决饮水难的问题而一直心怀感激，他们会在我们改善村居环境时竖起大拇指，他们更会在我们需要时挺身而出。我们有这样的人民群众，还有什么理由不让他们过得更好呢?

周永开和卢永根同志一辈子听党话、跟党走，始终如一坚守“党是一生的追随”“把一切献给党和祖国”的理想信念。我要向周老和卢老致敬，向他们看齐。我的党龄刚满四年，作为一名党员队伍里的“新兵”，沐浴着党的光辉成长，我倍加感恩、倍加珍惜。因此，我要继续锤炼自身党性，踏踏实实工作、勤勤恳恳做人，继续把服务人民群众这件事做好，践行自己在党旗下许下的誓言。

我们要以先进典型为镜子，找参照、找差距，要像他们那样牢记宗旨、心系群众，始终保持在思想上行动上对党忠诚、信念坚定；要像他们那样苦干实干、担当奉献，越是艰险越要向前；要像他们那样严于律己、坦荡无私，永葆共产党人的政治本色。

我们要向榜样学习、向榜样看齐，时刻严格要求自己，始终坚持群众路线，切实把群众的利益放在首位，以强烈的事业心和高度的使命感，奋发有为，脚踏实地、真抓实干、勇于担当、争做榜样、弘扬社会正能量，为实现中华民族的伟大复兴做出应有的贡献。

（作者系物理与电子工程学院 2019 级物理学专业学生）

# 国之英者，时代之雄

曹佳雯

翻开历史相册，每到国家兴衰、民族存亡发展的关键时刻，总有这样一些身影熠熠生辉顶天立地，他们是屈原、卫青、霍去病、岳飞、文天祥、戚继光、林则徐、孙中山……直到中国共产党领导人民抵御外辱、浴血奋战，建立新中国，开启民族复兴的伟大征途。中华民族的优秀儿女前赴后继，在民族复兴之路上筚路蓝缕、勇立潮头，继续奉献担当、舍我其谁。

安徽合肥有一条延乔路，延乔路的尽头是繁华大道。这是为了纪念陈独秀的两个儿子：陈延年与陈乔年。陈延年于 1927 年 6 月 26 日在上海被捕入狱，7 月 4 日被秘密押赴刑场，因为他拒绝下跪，坚持“革命者只能站着死”，最后被行刑者实施了惨无人道的刑罚，壮烈牺牲。但是他凭借着一名共产党员的坚定信念和铭记于心的责任和使命，不屈不挠，用血肉之躯维护了中国共产党的尊严！1928 年 2 月 16 日，陈乔年不幸被捕，在监狱中度过了他人生中最为艰难困苦的日子。即使如此，他仍然始终铭记中国共产党的宣言，将共产党员的精神刻在骨子里，决不做出任何一件对党和国家有害的事情。他们最早醒来，最早死去，他们身处乱世，命如蝼蚁，但仍心向光明，一往无前。

2020 年初，突如其来的新冠肺炎疫情打乱了我们原本平静的生活。在这疫情防控期间，无数英雄挺身而出，明知病毒险，坚守一线岗，奋不顾身地投入到这场没有硝烟的战争中去。他是院长，也是病患——他叫张定宇。作为收治病患最多的武汉金银潭医院的院长，即使身体渐